SOUVENIR

DU

CENTENAIRE DU LYCÉE DE VERSAILLES

(LYCÉE HOCHE)

LA REVUE DU CENTENAIRE

1807-1907

Par

M. GUSTAVE ZIDLER

PROLOGUE

DE M. PAUL BERRET

Représentée sous le Patronage

DE L'ASSOCIATION AMICALE DES ANCIENS ÉLÈVES

ET DE M. LE PROVISEUR GUIGON

Le 16 Mai 1907

Sur le Théâtre du Lycée

PRIX : UN FRANC

VERSAILLES

IMPRIMERIE AUBERT

6, Avenue de Sceaux, 6

1907

SOUVENIR

DU

CENTENAIRE DU LYCÉE DE VERSAILLES

(LYCÉE HOCHE)

LA REVUE DU CENTENAIRE

1807-1907

Par

M. GUSTAVE ZIDLER

PROLOGUE

DE M. PAUL BERRET

Représentée sous le Patronage

DE L'ASSOCIATION AMICALE DES ANCIENS ÉLÈVES

ET DE M. LE PROVISEUR GUIGON

Le 16 Mai 1907

Sur le Théâtre du Lycée

PRIX : UN FRANC

VERSAILLES

IMPRIMERIE AUBERT

6, Avenue de Sceaux, 6

1907

LES SIÈCLES PASSÉS

(Avant 1807)

PROLOGUE

PAR

M. PAUL BERRET

Avec accompagnement de Musique de Scène

PAR M. FRADE

La Scène représente un couloir du Lycée

(Décor de M. DIDIER)

LE SOL DU LYCÉE HOCHE

Une forêt s'étendait jadis à l'emplacement du Lycée Hoche, et les roseaux de l'étang de Clagny venaient border le terrain de la cour de récréation nord-ouest.

Forêt druidique, puis forêt féodale, elle fit partie dès le treizième siècle du domaine des seigneurs de Clagny, et vit plus tard les chasses de Louis XIII et du duc de Luynes.

Louis XIV y fit bâtir, sur le modèle du palais de Versailles, un château pour Mme de Montespan. L'étang de Clagny remplaçait dans la perspective le Grand Canal. Il y avait là, notamment, un bois d'orangers avec des allées bordées de plantations de tubéreuses, qui fit l'admiration de Mme de Sévigné (Cf. *Lettre du 7 août 1675*). *Une des ailes du bâtiment touchait à la place occupée aujourd'hui par la salle des Fêtes.*

Le château vint, au dix-huitième siècle, en la possession de la duchesse du Maine, qui s'y entoura d'une cour de gentilshommes lettrés, et y fit représenter entre autres spectacles (Saint-Simon, tome V, p. 79, et tome VI, p. 155, éd. Chéruel) le Joseph *de l'abbé Genest.*

Le bâtiment fut démoli sous Louis XV, et, avec une partie des matériaux du palais de la Montespan, on acheva de construire le couvent des religieuses fondé par la reine Marie Leczinska (G. Dhombres, Versailles Illustré, *nov. 1896*).

Le couvent fut désaffecté pendant la Révolution, et il devint, en 1807, le Lycée, qui devait porter en 1888 le nom de Lycée Hoche, sur l'initiative d'un ancien professeur d'Histoire, M. Maze, alors député.

PROLOGUE

LA MUSE ÉVOQUE LES FÊTES DU PASSÉ

Depuis le jour où, presque à la place où vous êtes,
Aux vieux sons du théorbe et des aigres musettes,
Genest, rimeur, abbé, même académicien,
Fit jouer son *Joseph*, imité de l'ancien,
Personne n'a céans rallumé les chandelles.
Le rideau, qui se meut avec un frisson d'ailes,
Comme s'il savait bien qu'il prélude à l'essor
De ta gloire, ô poète, et de tes songes d'or,
Le rideau ne s'est point levé sur un chef-d'œuvre.

Dans le silence, où mon long ennui se désœuvre,
Je désespérais, moi, qu'on m'apportât jamais
Le seul présent divin que j'aime et que j'admets :
Une pièce nouvelle, alerte autant qu'exquise,
Comme le Roi les fit donner pour la Marquise,
Qu'on jouait au couchant sous des berceaux de fleurs,
Et pour laquelle on entendait battre les cœurs
Pendant que s'alignaient les feux devant la toile
Et qu'une à une au ciel s'allumait chaque étoile.

L'erreur est réparée, et voici que ce soir,
Devant moi je revois une foule s'asseoir,
Qui, pour le bel esprit et ses délicatesses,
Ne vous le cède en rien, ducs, marquis ou comtesses!

Pour la pièce, tous les talents, à cette fois,
Ayant collaboré, c'est sûr, elle est de choix,
Elégante comme on n'en a jamais ouïe,
Et mon âme de Muse est enfin réjouie!

Car aux temps très lointains des Nymphes et des Dieux,
Dans la nuit des forêts je naquis en ces lieux :

Et mon cœur et mes yeux, ou charmés ou moroses,
Fidèles toujours, ont, dans ses métamorphoses,
Suivi le sol illustre, où la gloire des vers
Fleurit pour moi ce soir des lauriers encor verts.

LA FORÊT DRUIDIQUE

Je fus d'abord Dryade, et, parmi les vieux chênes,
Les houx, les genêts d'or et les sources prochaines,
J'errais : j'apparaissais, blanche, près des étangs,
J'écoutais palpiter la sève des printemps.
Les bois étaient déserts : parfois dans les roseaux
Montait, sur le silence immobile des eaux,
La flûte des courlis ou le clairon des cygnes.
Dessinant sur le ciel d'harmonieuses lignes,
Des prêtresses venaient, des faucilles aux mains,
Cueillir les guis fleuris aux halliers sans chemins,
Et, divines, mettaient dans la forêt profonde
Le rayonnement d'or clair de leur beauté blonde;
La bruyère entr'ouvrait sa mauve floraison,
Et le soleil plus rose éclairait l'horizon.

LA FORÊT FÉODALE

Plus tard, d'âpres chasseurs, en brandissant des piques,
Passaient, sonnaient du cor : leurs bataillons épiques
Secouaient, emportés dans un galop d'enfer,
Les éperons d'acier, les cuirasses de fer,
Et le bruit meurtrier des couteaux et des lances.
Mes échos, éveillés de leurs divins silences,
Répétaient l'aboiement des meutes en fureur.....
Et j'ai vu ruisseler longtemps avec terreur
Le sang des sangliers et des biches légères.

LES CHASSES DU ROI LOUIS XIII

Mais les siècles ont fui.
De sveltes écuyères,
Qui minaudent sous la dentelle et le velours,
Viennent par le sentier des veneurs aux pas lourds.

Des cavaliers gantés, en bottes levantines,
Tiennent de doux propos, dont les bouches mutines
Et perlières sourient, dont s'émeuvent les cœurs.
De Luynes, élégant et de gestes vainqueurs,
Au poing tient un faucon dont s'ouvre déjà l'aile,
Et, souriant des yeux là-bas à quelque belle,
Caracole léger aux côtés de son roi.

Mais de leurs jeux cruels ai-je donc moins d'effroi,
Et mes cerfs meurent-ils avec de moindres plaintes?
Le sort me garde, hélas! de plus rudes atteintes!

LE CHATEAU DE LA MONTESPAN

Sous la hache voici mes chênes abattus,
Et la forêt, dont tous les êtres se sont tus,
Béante, voit parmi l'écroulement des arbres
Grandir l'orgueil royal des balcons et des marbres.
Adieu, Sylvains! Le parc est à la Montespan,
Et, maintenant, sur la pelouse, où trône un paon,
Le Nôtre, qui brandit le compas et l'équerre
Et bâtit un jardin comme on fait une guerre,
Assigne, en consultant d'énormes parchemins,
Des ronds pour les œillets, des carrés aux jasmins,
Losange aux dahlias, demi-lune aux tulipes,
Et pour les grands tilleuls, moins dociles équipes,
Réserve le quinconce ou les doubles croissants.

Je sais encor vos noms, très illustres passants,
Dont les feutres altiers balayaient de leur plume,
En saluant, le seuil où vous aviez coutume
D'attendre que parût la reine de l'instant.
La Sévigné, pédante et rieuse pourtant,
Fut en faveur un jour pour l'air grave et candide
Dont elle dit : « Ici, c'est le palais d'Armide. »
Mieux qu'ailleurs les marquis dansaient le menuet,
Les marquises, au soir, lorsque diminuait
L'éclat du jour, allaient cueillir, plus langoureuses,
Dans le bois d'oranger des fleurs de tubéreuses.

Et, certes, en ce temps léger, nul ne songea
Qu'un siècle arriverait — presque prochain déjà —
Où le palais d'Armide, emporté pierre à pierre,
Serait l'abri sacré des nonnes en prière.

LE COUVENT DE LA REINE MARIE LECZINSKA

Les murs voûtés et froids d'un cloître aux arceaux blancs,
La nef, où les péchés s'agenouillent tremblants,
La cellule sombre où la chair se mortifie,
Marquise, voilà donc ce que l'on édifie
Avec ta gloire morte et ton luxe en débris!
Tes balcons ouvragés et tes riches lambris,
Où montait le son clair et joyeux des violes,
Et la gloire et l'amour qui furent tes idoles,
Tout est évanoui.
Lors donc que Leczinska
Rêveuse, dans la cour de son couvent, marqua
La place où l'on planta les sapins funéraires
De sa Pologne absente, et le deuil gris des lierres,
C'est à tout ton bonheur défunt — pourtant si beau —
Je pense, ô Montespan, qu'elle fit un tombeau.

LA MUSE AUX LYCÉENS

Vous avez, lycéens, parmi cette tristesse
Ramené le vivant éclat de la jeunesse.
L'ombre des vieux couloirs, longtemps silencieux,
Où des saintes jadis passaient, baissant les yeux,
Est pleine des clartés de votre joyeux rire.

Aussi, j'ai salué l'aurore qui vint luire,
Le jour où la Maison retentit de vos pas,
Et j'ai prié les Dieux de ne vous quitter pas.
Les Dieux m'ont exaucée, et, compagne fidèle,
Muse qui vient parfois, sans qu'on sache rien d'elle,
Inspirer l'écolier penché sur son devoir,
J'ai vécu près de vous sans qu'on me puisse voir ;

J'achevais en secret vos phrases commencées;
J'entrais furtivement dans toutes vos pensées.

Mais, aujourd'hui, je veux qu'on me contemple enfin!
Aujourd'hui, j'ai senti, comme un souffle divin
Par vos pieux appels suscité des nuées,
Passer, parmi le bruit des palmes remuées,
Toute l'âme du sol où vos aïeux sont nés.
J'arrive, les cheveux de lauriers couronnés,
Je surgis de ma nuit, qui fuit et se déploie,
Pour vous voir, radieux de lumière et de joie,
Sur votre front vainqueur, de gloire éclaboussé,
Ceindre d'un geste fier les roses du passé.

PREMIÈRE PARTIE

AUTREFOIS

SCÈNE PREMIÈRE

1807

" Les Premiers-Nés ",

ou les Boursiers de l'Empereur.

« Vous méritez d'être les premiers-nés du Lycée de Versailles; vous n'aurez jamais qu'à vous féliciter, qu'à vous glorifier de ce titre. Ceux qui vous y succéderont n'apercevront en vous que des modèles à suivre, et toute leur émulation sera de vous imiter. »

(Discours d'inauguration du Proviseur THIÉBAULT, 2 mai 1807.)

Personnages [1] :

Trois Elèves : Le Sergent VICTOR BATAILLE, Le Caporal PIERRE CORNEILLE, L'Elève nouveau MALINGRE.

(Costume : habit bleu à longues basques pointues, collet et parements bleu céleste, boutons de métal jaune; culotte bleue.)

Le Professeur de Belles-Lettres M. LAYÉ.

(Habit français complet noir; manteau noir jeté en arrière, avec collet vert, cravate pendante en batiste blanche; chapeau français.)

Le Capitaine MIRANDART, instructeur.

(Costume d'officier de grenadiers; jambe de bois à la Daumesnil; joue balafrée.)

La scène se passe à la fin de Juin, après la bataille de Friedland.

Le tambour roule. Les Elèves arrivent.

L'ÉLÈVE SERGENT.

Vois-tu là ce blanc-bec à mine déconfite?

LE CAPORAL.

Oui, sergent.

---

1. Sauf Mirandart, tous les personnages de cette scène sont rigoureusement historiques.

LE SERGENT.

Caporal, prends-moi ce néophyte,
L'oreille entre le pouce et l'index : congrûment,
Qu'on lui fasse en la tête entrer son rudiment!
(Le caporal, après une courte sortie, ramène le nouveau devant son camarade.)
Viens! Qu'on t'apprenne à vivre ici! Ton nom?

LE NOUVEAU, crânement.

Malingre!

LE SERGENT.

Mon pauvre malingreux, la nature un peu pingre
Ne t'a pas, semble-t-il, largement étoffé!

MALINGRE.

Qu'importe, avec du cœur, d'être né mal coiffé!

LE SERGENT, lui jetant son chapeau.

Je crois que ton chapeau vient de rouler par terre.
(Comme Malingre se baisse pour ramasser son chapeau, d'un croc-en-jambe il le fait tomber.)
Fais au sergent Bataille un salut militaire!
(Comme Malingre se relève furieux, il le fait tomber encore.)
Oui! J'oubliais! Tu dois encore au caporal
Corneille, pour son oncle, un salut magistral!

MALINGRE, se relevant et fonçant, blême de colère, sur Bataille.

Sachez mieux qui je suis! Je vous.....

BATAILLE, le maîtrisant.

C'est ridicule :
Tu veux lutter, chétif Pygmée, avec Hercule!
Mais je te roulerais dans ma poche en mouchoir!
Mais d'une chiquenaude, enfant, te faisant choir,
Je mettrais en morceaux ta frêle porcelaine!
Je t'enverrais au ciel, fétu, de mon haleine!
Il ne faut pas, crois-moi, prendre ces airs de preux,
Quand on porte ton nom, mon pauvre malingreux!

MALINGRE.

Tu peux porter, Bataille, un nom qui sent la poudre :
C'est vrai! Grand et brutal, tu peux me battre et moudre,
Je n'en disconviens pas! Mais non! quatre fois non!
Je ne te permets pas de plaisanter mon nom!

C'est un nom de soldat qui fut brave et prospère;
Et quand dans nos adieux — sache-le bien ! — mon père
Sur son cœur m'a pressé d'un geste rude et prompt,
L'étoile de l'Honneur s'est gravée à mon front !

CORNEILLE, tendant la main à Malingre.

Bravo ! nous sommes fiers du nouveau camarade :
Mon ancêtre eût sans doute applaudi ta tirade.

BATAILLE, de même.

Puisque nous parlons tous comme de vieux Romains,
Soyons amis, Malingre, et serrons-nous les mains.

MALINGRE.

Maintenant donc, amis, dites-moi la coutume,
Les us de la Maison.

CORNEILLE.

D'abord, soin du costume,
Qui doit durer deux ans sans rien d'accidentel !

BATAILLE.

Monsieur le Procureur-Gérant, dit Francastel,
T'apprendra ce que c'est que de vivre économe.

CORNEILLE.

Monsieur le Proviseur Thiébault sait faire un homme !
Tu mangeras du pain « extra » de qualité,
Et de toutes couleurs...

BATAILLE.

Le pain blanc excepté !

CORNEILLE.

On a quelque penchant pour la xérophagie !

BATAILLE.

Telle est du maître-queux l'admirable magie,
Qu'en sortant de la table on garde encor sa faim !

CORNEILLE.

De notre faim jamais nous n'avons vu la fin !

BATAILLE.

Le brouet spartiate est exquis !

CORNEILLE.

On chuchote
Que pour nous insuffler l'âme de Don Quichotte
On servit l'autre soir Rossinante en pâté!...
Et Monsieur Francastel, pourtant fort tourmenté,
Ne parvient pas, dit-on, à balancer ses chiffres!

BATAILLE.

Pas de crainte chez nous, mon vieux, que tu t'empiffres!
Aux vaillances du jeûne il faut t'initier.

CORNEILLE.

Devine combien coûte à Versaille un boursier?
— Tu coûtes à nourrir par jour trente centimes!
Mais à quel prix, mon brave, il sied que tu t'estimes,
Quand tu pourras, dans ton héroïque maigreur,
Te dire pour six sols « Boursier de l'Empereur »!

(A ce moment arrive le capitaine Mirandart, agitant dans sa main le *Moniteur Universel*.)

MIRANDART.

Victoire! mes enfants! Victoire!

LES TROIS ÉLÈVES empressés autour de lui.

Quoi donc? Qu'est-ce?

MIRANDART.

Encore un horion que le Cosaque encaisse!
Il a pour la tatouille un goût prédominant.
Petits, savourez-moi cela : c'est du nanan!

(Il lit.)

79e Bulletin de la Grande-Armée.

« A Welhau (17 juin 1807).

« ... Le 14, l'ennemi déboucha sur le pont de Friedland. A 3 heures du matin, des coups de canon se firent entendre. « C'est un jour de bonheur, dit l'Empereur, c'est l'anniver- « saire de Marengo... » A 5 h. 1/2, le maréchal Ney se mit en mouvement... »

M. LAYÉ, survenant.

Oh! je vous trouve enfin, Monsieur!

MIRANDART.

Je vous salue,
Monsieur le professeur Layé!... Je continue.

(Il reprend la lecture du *Moniteur*.)

« Le maréchal Ney, avec un sang-froid et avec cette intrépidité qui lui est particulière... »

M. LAYÉ.

Je suis vraiment fâché, si je vous interromps;
Mais je voulais me plaindre à vous... Nous déplorons
Qu'à toute heure, en dehors des temps réglementaires,
Vous preniez nos enfants, Messieurs les militaires!
Pour un rien, à tout bout de champ, le tambour bat,
Et, la classe aussitôt vidée en grand sabbat,
Nos élèves, ravis, près de vous, Capitaine,
Au moment des leçons courent la pretantaine.
Il faut que cela cesse, et Monsieur le Censeur
Vous dira les égards qu'on doit au Professeur.

(Pendant tout ce discours, le Capitaine a contenu à grand'peine son impatience. Il s'avance alors, avec de grands moulinets de sa canne, vers M. Layé qu'il fait de plus en plus reculer.)

MIRANDART.

Avez-vous tout dit?

M. LAYÉ.

Certe.

MIRANDART.

Et donc au capitaine
Mirandart — vous voulez faire croquemitaine!

M. LAYÉ, balbutiant.

Je ne veux pas...

MIRANDART.

Sachez que jamais une fois
Je n'ai laissé marcher sur ma patte de bois!

M. LAYÉ, reculant toujours.

Je ne veux...

MIRANDART.

Que je suis chatouilleux au reproche...

M. LAYÉ.

Je...

MIRANDART.

Que j'ai, toujours prêt, un mouchoir dans ma poche...

M. LAYÉ.

Je le crois.

MIRANDART.

Pour moucher les autres au besoin !

M. LAYÉ.

Je n'ai jamais voulu que vous prissiez ce soin !

MIRANDART.

Que votre bonne foi sur l'heure reconnaisse
Qui de nous instruit mieux cette belle jeunesse,
Pour les travaux de Mars et nos prochains lauriers !

M. LAYÉ.

Ne devons-nous ici nourrir que des guerriers?

MIRANDART.

Vous pourriez sans chagrin vous mettre à mon école. —
Où j'ai fait ma première étude? — Au pont d'Arcole.
Ah ! dame ! ça chauffa pour nous les grenadiers,
Mais on s'en tira bien. Si vous me regardiez,
(Il montre l'oreille qu'il a perdue.)
Vous verriez qu'il me manque une boucle d'oreille ;
Celle que je repris n'était point la pareille !
Donc simple égratignure : et d'une ! — A Rivoli,
Pour signer ma bravoure, un bancal mal poli,
Et qui, comme un Croate, ignorait l'orthographe,
En travers de ma joue a mis sa patarafe !
Et de deux ! — Mais voilà qu'avec Thiébault, le fils
Du Proviseur, un brave à trois poils, — sans profits,
Je ne sais pas comment, je suis bloqué dans Gêne ;
Je me nourris deux mois d'espoir et d'oxygène ;
Finalement j'en garde encore *in corpore*
Un pruneau de Mélas qui n'est pas digéré !
Et de trois ! — Austerlitz ! le soir, la farandole
Des torches déroulée autour de notre Idole,
Le soleil, un plateau qu'on gravit en chantant,
Un choc, et puis plus rien que la nuit à l'instant,

Et puis, quand on s'éveille, un pilon pour chaussure!
— Par ma quille perdue et mes quatre blessures,
Qui peut le mieux ici, pour clore l'entretien,
Donner à ces enfants des leçons de maintien?

LES ÉLÈVES.

Oui! bravo, Capitaine!

M. LAYÉ, d'un air piqué.

Et pourtant, salutaires,
Les Romains ont formé de vaillants caractères!

MIRANDART.

Laissez-moi donc tranquille avec tous vos Latins!
Que vaut votre antiquaille au prix des bulletins
De notre Grande Armée? Ah! la Rome de Tite
Parmi tous nos exploits apparaît bien petite.

M. LAYÉ.

L'Histoire cependant...

MIRANDART.

L'Histoire? Mais, vraiment,
Quelle histoire à nos fils apprendre décemment,
Quand sans repos, d'une heure à l'autre, la Fortune
Avec du sang français partout en écrit une
Sur des champs de victoire aux rouges floraisons?
L'Histoire, la voici! c'est nous qui la faisons!

(Il reprend le *Moniteur* et lit.)

« ... L'ennemi tira de ses réserves et de son centre d'autres corps pour défendre Friedland. Vains efforts! Friedland fut forcé... La victoire n'a pas hésité un seul instant... »

M. LAYÉ.

Il me semble en tout cas que pour la Poésie
Les Anciens sont incomparables...

MIRANDART.

Hérésie!
Mon cher Monsieur Layé! Fichus, vos Grecs! Fichus,
Tous vos Achilles, quand les grognards moustachus
Traversent, l'arme au bras, la bataille qui ronfle,
Ou, porteurs d'étendards, que de la fierté gonfle,

Acteurs d'une Iliade étrange et sans défauts,
Ils passent rayonnants sous les Arcs Triomphaux!
Est-il des vers plus beaux que cette noble prose?

(Il continue la lecture du *Moniteur*.)

« ... Nous avons pris 80 pièces de canons et une grande quantité de caissons. Plusieurs drapeaux sont restés en notre pouvoir. La bataille de Friedland est digne d'être mise à côté de celles de Marengo, d'Austerlitz et d'Iéna... »

M. LAYÉ.

Pour l'éloquence — il faut reconnaître la chose...

(A ce moment, roulements prolongés de tambours appelant les élèves à l'exercice.)

MIRANDART, souriant.

La meilleure éloquence est celle des tambours!
Ecoutons leur appel et, sans tant de discours,
Allons, enfants, dans des manœuvres méritoires,
Préparer pour demain de nouvelles victoires!

LES ÉLÈVES, le suivant, enthousiastes.

Vive le Capitaine!

MIRANDART, se retournant et lançant la flèche du Parthe.

Adieu, Monsieur Laïus!

(Ils sortent en riant.)

M. LAYÉ, seul, levant les bras au ciel.

Où cela nous doit-il mener, *bone Deus!*

SCÈNE II

1815

Le Complot.

Le Tambour et la Cloche.

TROIS ÉLÈVES avec de faux nez, même costume qu'en 1807, s'avancent à pas de loup, sur la pointe du pied, aux aguets. Ils chantent en sourdine :

(Air des *Conspirateurs*.)

Quand-and on conspi-ire,
Sans bruit, douc'ment,
On-on doit se di-ire
Le grand serment;

Ca-ar nos affai-aires
N'aiment point voir,
Maî-aîtres sévères,
Votre œil trop noir !

PREMIER ÉLÈVE.

Alors, c'est vrai ? Je n'en puis croire mon oreille !

SECOND ÉLÈVE.

C'est vrai ! Le lys fleurit où voltigeait l'abeille.

TROISIÈME ÉLÈVE, plus haut.

Mais à son tour encor la juste Némésis
Fera voler l'abeille où fleurissait le lys !

PREMIER.

Chut !

SECOND.

Chut !

TROISIÈME.

Chut !

PREMIER.

Pas si fort !

SECOND.

Parlons bas !

TROISIÈME.

On conspire !

PREMIER.

Et si ce bruit pourtant était faux ? Si l'Empire...

SECOND.

Il n'en faut point douter : l'externe Grenouillet
Vient de me faire en classe arriver ce billet.

TROISIÈME.

Et que dit-il ?

PREMIER.

Fais voir !

SECOND.

La danse est commencée :
Le Collège — de nom — remplace le Lycée.

PREMIER.

Pourquoi ?

SECOND.

Parce que c'est ainsi, tout bonnement!

TROISIÈME, plus haut.

Changer, c'est renier; non, pas de changement!

PREMIER.

Chut!

SECOND.

Chut!

TROISIÈME.

Chut!

PREMIER.

Pas si fort!

SECOND.

Parlons bas!

TROISIÈME.

Prenons garde!

SECOND.

Les Trois Couleurs font place à la blanche cocarde!
Plus de pelotons! plus de sergents galonnés!
Nous sommes à la paix honteuse condamnés!

PREMIER.

Qu'allons-nous faire alors?

SECOND.

Nous porterons la jupe!

TROISIÈME.

Nous serons les enfants sages, qu'un livre occupe!

SECOND.

Ou nous irons, muets, renonçant à tous jeux,
Tricoter dans l'enclos du parc marécageux!

PREMIER.

Ce sera très moral!

SECOND.

Idyllique!

TROISIÈME.

Et folâtre!

PREMIER.

Qu'on nous mette un béguin!

SECOND.

Un licol!

TROISIÈME.

Un emplâtre!

PREMIER.

Protestons!

SECOND.

Résistons!

TROISIÈME.

Révoltons-nous!

PREMIER.

Comment?

TROISIÈME.

Parbleu! Par du tapage et du chambardement!

SECOND.

C'est cela! Lacérons tous nos livres! En miettes,
Tout ce qu'on peut casser, les vitres, les assiettes!

TROISIÈME.

Dévissons, tailladons les tables et les bancs,
Et dressons-en partout de grands bûchers flambants!

SECOND.

A nos goûts destructeurs donnons toute carrière!

TROISIÈME.

Démolissons surtout ces infâmes barrières,
Où l'on veut nous parquer comme un troupeau d'oisons!
Rendons à nos couloirs leurs vastes horizons!

PREMIER.

Vive la liberté!

SECOND.

Bien, mon vieux! Si tu vibres,
Nous vibrons tous! Faisons un serment d'hommes libres!

TROISIÈME.

Nous ne subirons pas le régime abhorré
D'un collège!

TOUS.

La main dans la main, c'est juré !

TROISIÈME.

Vive notre Lycée, ou tout à la lanterne !

SECOND.

Patience ! écoutez ! — Il paraît — c'est l'externe,
Mon ami Grenouillet, qui du moins me l'écrit —
Que d'ici le tambour à jamais est proscrit,
Et que la cloche seule en nos cours doit s'entendre !

PREMIER.

Comme au couvent !

TROISIÈME.

La cloche ! on saura la dépendre !
Ou demain nous restons au lit, sans travailler !
L'impérial tambour peut seul nous réveiller !
(A ce moment, premier tintement de la cloche.)

SECOND.

Amis, vous entendez ? La cloche nous défie !
Va-t-elle disposer de toute notre vie ?

PREMIER ET TROISIÈME.

Non ! non !

SECOND.

A chaque instant de nos jours, de nos nuits,
Goutte à goutte sur nous distiller les ennuis ?
(Nouveau tintement.)

PREMIER ET TROISIÈME.

Jamais ! A bas la cloche !

SECOND.

Or donc, c'est l'heure grave !
Amis, êtes-vous prêts à briser toute entrave ?

PREMIER ET TROISIÈME.

Oui ! oui ! nous sommes prêts !

SECOND.

A relever vos fronts,
A repousser l'opprobre ?

PREMIER ET TROISIÈME.

Oui ! oui ! nous le jurons !

(Tintements prolongés.)

SECOND.

Si vos cœurs sont si grands, prenez en vos mains l'arme
Terrible du mépris, et, dans un fier vacarme,
Pour venger le tambour de tant de camouflets,
Partout, à pleins poumons, soufflez dans vos sifflets.

(Ils sortent tous, superbes, en sifflant bruyamment.)
(Entre la Cloche. — Musique.)

LA CLOCHE, seule, chante [1].
(Air du *Petit Duc*).

Ils m'ont sifflée !
Les entendez-vous dans la cour ?
A bas la Cloch' ! Viv' le Tambour !
Hélas ! je suis déshonorée.
Ils m'ont sifflée !
Ils réclament le vieux Tambour.
Et moi sifflée !
Déshonorée !

LE TAMBOUR, derrière la Cloche qui ne le voit pas.

La p'tit' princesse a du chagrin.
(Ironique.) Je vais la consoler un brin !

(Il s'avance et salue la Cloche.)

LA CLOCHE.

Sifflée ! et par cette marmaille !

LE TAMBOUR.

Ayez pas peur, mam'zell', ne pleurez pas !
J'suis là, moi ! J'crains pas la bataille.
Pour la braver, j'vais vous offrir mon bras.
L'Tambour tient bon d'vant la mitraille.

LA CLOCHE, se détournant furieuse.

Ils m'ont sifflée !

LE TAMBOUR.

Elle est fâchée !

---

1. Le duo chanté du Tambour et de la Cloche est l'œuvre d'une collaboration anonyme.

LA CLOCHE.

Ils réclament leur vieux Tambour.

LE TAMBOUR.

Quel beau jour!

LA CLOCHE.

Ils hurlent à travers la cour.
Hélas! je suis déshonorée!

LE TAMBOUR.

Parc' qu'ils aiment leur vieux Tambour,
Elle se croit déshonorée!

LA CLOCHE.

Ils m'ont sifflée!

LE TAMBOUR.

Elle est fêlée!

LA CLOCHE.

Ils réclament leur vieux Tambour.

LE TAMBOUR.

Quel beau jour!

LA CLOCHE.

Ils m'ont sifflée!
Ils m'ont sifflée!

LE TAMBOUR.

Elle est fêlée!

LA CLOCHE.

Ainsi donc vous croyez sans doute
Que je me tairai devant vous?

LE TAMBOUR.

Quand on veut lui barrer la route,
Le Tambour passe à travers tout.

LA CLOCHE.

Vous! passez d'abord à la porte.
Moi, malgré tout, je veux sonner!

LE TAMBOUR.

Sonnez! N'sonnez pas! Peu m'importe!
Vous n'm'empêch'rez pas de rouler.

LA CLOCHE.

Sonner!

LE TAMBOUR.

Rouler!

LA CLOCHE.

Sonner!

LE TAMBOUR.

Rouler!

LA CLOCHE.

Je sonnerai!

LE TAMBOUR.

Je roulerai!

LA CLOCHE.

Je sonnerai!

LE TAMBOUR.

Je roulerai!

LA CLOCHE, vers la cour.

Chantez! Criez! Hurlez! Sifflez!
(Au Tambour.)
Tapez! Battez! Cognez! Roulez!
Matin et soir, soir et matin,
Vous entendrez ma voix d'airain,
Vous entendrez ma voix d'airain!

LE TAMBOUR.

Je roulerai!

LA CLOCHE.

Je sonnerai!

LE TAMBOUR.

Je roulerai!

LA CLOCHE.

Je sonnerai!

(*Ensemble.*)

Ah!

LE TAMBOUR.

Je roulerai!

LA CLOCHE.

Je sonnerai!

LE TAMBOUR.

Je roulerai!

LA CLOCHE.

Je sonnerai!

(*Ensemble.*)

Je roulerai !	Je sonnerai !
Je roulerai !	Je sonnerai !

LA CLOCHE.	LE TAMBOUR.
Même sifflée !	Même fêlée !
Même sifflée !	Même fêlée !
Nuit et jour !	Quel beau jour !
Qu'ils sifflent à travers la cour !	Les élèv's ne march'nt qu'au tambour !
Je sonnerai, même sifflée !	Quant à la cloche, elle est fêlée !

LA CLOCHE.

Même sifflée !

LE TAMBOUR.

Elle est fêlée !

LA CLOCHE.

Même sifflée !

LA CLOCHE.	LE TAMBOUR.
Même sifflée !	Elle est fêlée !
	Enragée !
	Enragée !

(*Parlé.*)

LA COMMÈRE, intervenant.

Eh bien ! quoi ? Vous semblez tous les deux en querelle ?

LE TAMBOUR.

Elle prétend couvrir ma voix de sa voix grêle.

LA CLOCHE.

Il déchaîne sur moi l'orage de ses flancs !

LE TAMBOUR.

Toujours ses dig-din-dons !

LA CLOCHE.

Toujours ses rataplans !

LE TAMBOUR.

Je n'abandonnerai jamais mon droit d'aînesse !

LA CLOCHE.

Mon accent maternel sied mieux à la jeunesse.

LA COMMÈRE, au Tambour.

Oui! vous avez raison, mais elle n'a pas tort.
Je peux d'ailleurs d'un mot vous remettre d'accord ;
Je lis dans l'avenir : sans que plus rien vous fâche,
Vous poursuivrez un jour tous deux la même tâche,
Cloche pour les petits, et tambour pour les grands.

LE TAMBOUR.

Nous d'accord ! Ce n'est point possible !

LA COMMÈRE.

Si! comprends!
Que tu roules, tambour, ou que la cloche tinte,
Tous les deux du travail annoncez la loi sainte.
Le travail est prière et lutte tour à tour :
Prière, c'est la cloche, et lutte, le tambour.
Et donc, en une heureuse et constante harmonie,
Vous direz l'action à la pensée unie,
Et nous verrons ainsi, sans plus nous étonner,
Ce qui vient de la cloche au tambour retourner!

(La Cloche et le Tambour, réconciliés, sortent en se donnant la main.)

SCÈNE III

1840

Les Trophées du Père Théry.

Personnages :

Le Proviseur THÉRY.

L'Elève HIPPOLYTE RIGAULT, prix d'honneur de Discours Latin en rhétorique au Concours général.

Au moment où ils vont paraître sur la scène, quelques élèves font entendre les cris répétés :

Vive Théry! Vive Rigault! Vive Versailles!

Hippolyte Rigault revient de la distribution de la Sorbonne avec sa couronne d'or et son prix (Uniforme de 1840 : habit noir à boutons d'or, cravate blanche, chapeau haut de forme).

THÉRY.

A vous voir couronné, d'orgueil mon cœur tressaille,
Rigault, fils le plus cher entre les plus chéris!
Nous l'avons donc, ce prix, égal à tous les prix,

Ce prix d'honneur du Grand Concours de rhétorique,
Pour qui je me sentais un goût idolâtrique!
Me voici tout ému de joie et de fierté,
Comme si c'était moi qui l'avais remporté!
Montrez-le moi, plus près! que je le voie et touche!
La riche reliure et l'éclatant cartouche!
C'est un vrai prix royal, que l'or a tout fleuri!

RIGAULT.

Il est à vous, Monsieur le Proviseur Théry!

THÉRY.

Il nous fallait ce prix pour l'honneur du Collège!
De mil huit cent dix-neuf date le privilège
Du laurier par Versaille à Paris disputé.
Le Proviseur, Monsieur Dubruel, député,
— Tout ne s'obtient-il pas, quand un député signe? —
Nous put faire octroyer cette faveur insigne.
Depuis vingt ans aussi, par nos distinctions,
Nous avons su montrer que nous la méritions!
Avec Braulart, Cloquet, Voisin et de Boureuille,
Ou la Philosophie ou la Science cueille
Tous les plus beaux succès : il nous en manquait un,
Un seul en Rhétorique; il arrive, opportun,
Pour apprendre aux plus forts qu'en tout, et même en Lettres,
Versaille a des rivaux qui ne sont plus ses maîtres!
Et joyeux, nous pouvons, grâce à vous, mon enfant,
Pousser le cri du Cid, superbe et triomphant,
Pour qui ni la valeur ni le nombre ne compte :
« Est-il quelque ennemi qu'à présent je ne dompte?
« Paraissez, Navarrais, Maures et Castillans! »

RIGAULT.

Les Don Diègues font seuls les Rodrigues vaillants!

THÉRY.

Versailles! Voilà bien l'idéale retraite,
Où sans bruit, à l'écart, notre jeunesse apprête
Les armes sans défaut de ses combats futurs!
Se taire et travailler : devise de nos murs,

Qui s'observe dix mois en nos études calmes!
Puis, quand l'heure a sonné de récolter les palmes,
Les vaincus de là-bas se disent tout surpris :
« Versailles vaut donc mieux que le meilleur Paris! »

RIGAULT.

C'est vrai! Mais qui donc rend cette maison prospère?
J'offre ma gratitude au Proviseur, au Père,
Qui nous a fait dix ans, avec nos professeurs,
Du labeur fructueux connaître les douceurs.
Maître, ici, pour nous tous, depuis votre présence,
Deux mots n'en font plus qu'un : proviseur, providence!
Vous n'avez qu'à paraître, et les plus abattus
Se relèvent; d'un mot, tout le chœur des vertus,
Les repentirs, l'ardeur du bien, la confiance,
Renaissent, et telle est des cœurs votre science,
Qu'aux sommets les plus hauts, sans même en avoir l'air,
Vous nous entraînez tous..... « *fortiter,..... suaviter!* »

THÉRY.

Pour m'avoir trop flatté Rigault mérite un blâme!

RIGAULT.

Maître, de la Maison vous êtes si bien l'âme,
Que jamais, vous parti, votre grand souvenir
Parmi nos successeurs ne pourra se ternir!

THÉRY.

La plus belle louange à mon nom conservée,
Mon enfant, ce sera l'honneur de ce trophée,
Avec votre portrait glorieux, dont l'éclat
Dira ce qui se fit sous notre consulat.
— Certains plaisants, je crois, ont ri de mon musée
De famille : je brave aisément leur risée.
Nos portraits ne sont pas des dessins d'un grand art,
J'en conviens : l'art n'est pas notre objet, mais plus tard,
Et toujours, il est bon que ces œuvres — banales —
Restent de nos exploits les vivantes annales,
Qu'elles répètent d'âge en âge : « *memento!* »
— Et justement, le jour qu'on rouvrait le Château,

Nous admirions, tous fiers, les salles du Musée,
Des grands morts du pays devenu l'Elysée;
Le Ministre — parfois un ministre sourit —
Me dit avec malice : « Eh bien, Monsieur Théry,
Vous voyez mon musée; et que devient le vôtre? » —
— « Excellence, repris-je avec chaleur, le nôtre,
Riche déjà, tient lieu d'entrée à celui-ci :
On doit passer chez nous pour arriver ici,
Et sur notre collège, aussi, mon espérance
Prétend qu'on pourra lire : Aux Gloires de la France! »
(Ils sortent en riant, le Proviseur s'appuyant familièrement sur l'épaule de Rigault.)

SCÈNE IV

1851

Camarades!
ou l'Art de ne pas vieillir.

Personnages :

ISIDORE LOUPIN. (Moustache et barbiche du Prince-Président.)

ACHILLE FOCARDEAU. (Grande barbe 1848.)

Tous deux sont affectés d'une remarquable calvitie.

Ils arrivent l'un après l'autre, tenant à la main une lettre de convocation du fondateur de l'Association des Anciens Elèves.

LOUPIN, d'abord seul.

Par où peut-on entrer dans la salle des Fêtes?
Je ne me souviens plus..... Mais qu'est-ce que vous faites,
Ici, dans cet instant, Loupin, mon vieux Loupin?
Je crois que Lenormand met sur vous le grappin,
Et ce sera bientôt chose irrémédiable.
Ne pourriez-vous encor l'expédier au diable,
Comme très sagement vous fîtes, l'autre jour
Qu'il osa vous donner rendez-vous chez Véfour?
Pourquoi des braves gens trouble-t-il le bien-être?...
Mais voyons cette porte : où peut-elle bien être?
(Il s'éloigne.)

FOCARDEAU.

Pourquoi tant me gêner, moi Focardeau? Vraiment,
Il me semble indiscret, notre ami Lenormand!

LOUPIN, revenant.

Est-ce ici que l'on entre?

FOCARDEAU.

Oui, Monsieur!... Camarade!
Le même appel, je vois, nous fait du même grade.

LOUPIN.

Je ne sais pas pourquoi je viens.

FOCARDEAU.

Ni moi non plus.

LOUPIN.

Je suis tout dyspeptique.

FOCARDEAU.

Et moi donc! tout perclus...

LOUPIN.

Il me faut, pour venir ici, de l'héroïsme
Avec mon estomac...

FOCARDEAU.

Et moi, mon rhumatisme!

LOUPIN.

Lenormand est charmant sans doute..... On lui répond...

FOCARDEAU.

Oui, mais il est — comment dirai-je?

LOUPIN.

Un peu crampon!

FOCARDEAU.

Vous trouvez le mot juste et vous savez m'entendre.

LOUPIN.

J'ai de bonnes raisons, hélas! de vous comprendre.
Tantôt au Grand-Véfour, tantôt chez Corazza,
D'invites à dîner souvent il me rasa.

FOCARDEAU.

Ces démonstrations sont-elles bien utiles?

LOUPIN.

Un ami doit d'abord laisser les gens tranquilles.

FOCARDEAU.

Et ne les point chez eux venir persécuter !
Croit-il donc qu'au dehors j'ai goût à banqueter,
Après un jour d'ennuis sur de la paperasse?
Moi, j'aime bien le soir délacer ma cuirasse,
En famille, au milieu de tous mes polissons,
Lire enfin mon journal, les pieds dans mes chaussons !

LOUPIN.

Pour être vieux garçon, je ne suis pas plus libre.
Il faut de sa santé maintenir l'équilibre;
J'ai mon régime à suivre, égal et ponctuel,
Aussi sévère, aussi sacré qu'un rituel :
A telle heure, repas ; telle autre, promenade.
A tel repas, deux œufs ; à tel autre, panade.
La chose la plus grave est de bien digérer !

FOCARDEAU.

Moi, je n'ai jamais pu, comme vous, tolérer
Les menus à vingt francs d'une gargote infâme.
La cuisine que j'aime est celle de ma femme.

LOUPIN.

Non ! Ce n'est pas gentil à l'ami Lenormand
De mettre dans ma vie un tel dérangement !

FOCARDEAU.

Notre repos est cher : il faut qu'on le respecte !

LOUPIN.

Je reconnais bien là l'esprit d'un architecte !
Il n'en a pas assez de sa construction :
Il faut qu'il fonde encor l'Association !
(A ce moment, par la porte entr'ouverte de la salle, on entend le bruit d'applaudissements avec les cris : Oui !. Bravo ! Lenormand !)

VOIX DE LENORMAND dans la coulisse.

Pourquoi vous ai-je ici convoqués, camarades?
C'est qu'il existe encore un tas de tardigrades,

Qui ne semblent pouvoir se résoudre à marcher !
Ceux-là, les déserteurs, les mauvais caractères,
J'ai pensé que ces murs, ces vieux couloirs austères
Pourraient à la fin les toucher !

Autant qu'à sa famille, on doit à son collège :
C'est lui, pendant dix ans, qui nous garde et protège,
Et de l'« *alma mater* » nous verse le bon lait.
Qui peut vivre à l'écart, réfractaire et sauvage,
Quand nous avons bu là le même fort breuvage
Tous dans le même gobelet?

(Applaudissements.)

Où nous avons connu l'amitié dans l'étude,
L'amitié sans calcul mesquin, sans servitude,
L'amitié franche et pure, on doit tous revenir :
Déchirons de l'oubli les voiles funéraires;
Ressoudons notre chaîne, et retrouvons-nous frères
Dans les fêtes du Souvenir !

(Cris : « Bravo ! Lenormand ! »)

Ici renaît pour nous l'éternelle jeunesse,
La jeunesse de nos seize ans, qui ne nous laisse
Plus de ride, plus de chagrin ni de rancœur.
Je te loue et t'honore, ô Camaraderie,
Qui nous donnes à tous, dans la même patrie,
Un seul âge avec un seul cœur !

Au lieu de geindre, seuls, vieux Alcestes moroses,
Ensemble effeuillons tous sur nos coupes les roses,
En répétant les vers du poète romain,
Et, nous sentant plus forts par l'union féconde,
Accomplissons gaîment la conquête du monde,
En chantant, la main dans la main !

(Nouveaux applaudissements. Cris répétés : « Bravo ! hourra ! Vive Lenormand ! »)

LOUPIN.

Satané Lenormand ! Dès qu'il ouvre la bouche,
On sent je ne sais quoi qui vous remue et touche !
Je m'en doutais bien ! Plus moyen de s'en tirer !

FOCARDEAU.

Nous sommes pris. Je crois que nous devons entrer
Et donner notre nom.....

LOUPIN.

Oui, donnez!

FOCARDEAU.

Je me nomme
Achille Focardeau.

LOUPIN.

Comment? Nom d'un bonhomme!
Nous avons échangé tant de confessions,
Sans savoir seulement qui tous deux nous étions!
Focardeau, moi, je suis Loupin.

FOCARDEAU.

Loupin!

(Ils se jettent dans les bras l'un de l'autre.)

LOUPIN.

Achille!
Mon estomac content va refaire du chyle!

FOCARDEAU.

C'est toi, ma Loupe! mon Loupart! mon Loupillon!

LOUPIN.

Comment? C'est toi! mon Foc, mon vieux Focardillon!

(Nouveaux embrassements.)

FOCARDEAU.

Voilà ma chère Loupe à présent retrouvée!

LOUPIN.

Et voilà mon bon Foc, qu'on nommait Mérovée!

FOCARDEAU.

Oui, Mérovée, au temps des vieux rois chevelus!
Ah! *quantum mutatus!*

(Passant sa main sur sa tête.)

Je crois qu'on n'en voit plus!

LOUPIN.

Cela n'empêche pas que Foc était espiègle!

FOCARDEAU.

Pas tant que toi!

LOUPIN.

Tu m'appliquais des coups de règle!

FOCARDEAU.

Tu me montais, Loupart, tout le temps sur le dos,
Comme s'il était fait pour porter des fardeaux!

LOUPIN.

Toi, tu semblais trouver un agrément énorme
A me percher toujours mon chapeau dans un orme!

FOCARDEAU.

Le mien gémissait bien, en accordéon mis!...
C'est en se chamaillant qu'on devient plus amis!

LOUPIN.

D'ailleurs, pour que les dieux nous fussent plus propices,
Souviens-toi qui payait, mon vieux, les pains d'épices,
Que nous vendait Pineau, l'illustre guichetier!
Tu dévorais bien vite un « pineau » tout entier!
Je me suis ruiné, Foc, pour ta gourmandise.

FOCARDEAU.

Toi, tu nageais dans l'or... Il faut aussi qu'on dise
Qui te faisait tes vers inspirés des Neuf Sœurs!

LOUPIN.

Parlons-en! ils étaient de Virgile! Farceur!
Moi, naïf et très fier, je copie et je signe.
Récompense : un zéro d'horreur avec consigne!

FOCARDEAU.

Oui! Oui! je me souviens : c'était avec le prof
Que nous nommions...

(Il lui souffle dans l'oreille un sobriquet.)

FOCARDEAU, riant aux éclats.

Oui! Oui!

LOUPIN.

Le petit de Roscoff
— Te souviens-tu? — voulut faire un jour du désordre,
Mais alors...

(Il lui parle à l'oreille.)

FOCARDEAU.

Elle est bien bonne!... c'est à se tordre.

(Ils sont pris tous deux d'un fou rire.)

LOUPIN.

Pas d'erreur! nous passions alors de bons instants!

FOCARDEAU.

Et puis — te souviens-tu? — Nous étions épatants,
Les jeudis de sortie, avec l'habit à basque
Et le tube...

LOUPIN.

Surtout par les jours de bourrasque.

FOCARDEAU.

La cravate tournait, dame! au petit bonheur!
Nous attendions, rangés, dans notre cour d'honneur
L'ordre du Chef. Alors, tout flambants, quoiqu'atroces,
Suivis de deux garçons graves, armés de brosses,
En emboîtant le pas, tous les chiens aboyant,
Nous traversions la ville au pavé verdoyant!

LOUPIN.

Te souviens-tu?...

FOCARDEAU.

Parbleu! si je me souviens, Loupe!

LOUPIN.

Te souviens-tu, Focard, d'une certaine soupe?...

FOCARDEAU, riant aux éclats.

Très drôle!... Nous avions alors de la vertu!

LOUPIN.

Te souviens-tu?

FOCARDEAU.

Te souviens-tu?... Te souviens-tu?...
Lenormand disait vrai. — Bien souvent, morne et triste,
Sommeille un violon, négligé de l'artiste,
Dans un coin d'ombre, seul, tout poudreux, sans un son.
Vienne l'archet frôler la corde, et la chanson
Fait de nouveau jaillir sa gerbe d'harmonie.
C'est qu'il fallait, afin que coulât, rajeunie,
La source des accords joyeux et pénétrants,
La douce et musicale amitié!

LOUPIN.

Je comprends :
L'instrument, sans l'archet, se tait et se dégrade ;
Le cœur ne vibre plus sans le vieux camarade !

FOCARDEAU.

Allons donc rendre grâce à l'ami Lenormand
D'avoir de notre cœur réveillé l'instrument !

(Ils s'en vont en se donnant le bras, sautant à cloche-pied et chantant.)

Chanson de Labadens.

(Air connu.)

I

Jadis dans not' Collège
C'était dur d's'éveiller :
N'avions d'aut' privilège
Qu'un drap sans oreiller.
Du lit d'fer, plein d'rudesse,
On n'pouvait plus sortir.
Au temps d'not' jeunesse,
F'sait si bon, si bon, si bon,
Au temps d'not' jeunesse,
F'sait si bon dormir !

II

Jadis M'sieur l'Econome
Ne nous gâtait pas trop :
Des chos's que rien ne nomme
Nous tenaient lieu de rôt.
Du pain sec et des jeûnes,
Ce n'était pas très fin !
Mais quand z'étions jeunes,
F'sait bon bon, bon bon, bon bon,
Mais quand z'étions jeunes,
F'sait bon d'avoir faim !

III

En class' comme en étude
Fallait trimer toujours !

On rêvait, comm' Latude,
De s'évader en cours.
Des pensums sans tendresse
V'naient nous apprivoiser.
Au temps d'not' jeunesse,
F'sait si bon, si bon, si bon,
Au temps d'not' jeunesse,
F'sait si bon causer !

IV

Maint'nant chacun jubile
A tout c'passé lointain !
On n'se fait plus d'la bile
Au bras d'un vieux copain !
L'soleil au cœur rayonne,
Dès qu'on peut se souv'nir !
Quand la barb' grisonne,
Fait bon bon, bon bon, bon bon,
Quand la barb' grisonne,
Fait bon s'rajeunir !

SCÈNE V

1864

L'Aile lui pousse.

(*L'Inauguration du Petit-Collège.*)

Une énorme maman en crinoline amène par la main un garçonnet de sept ou huit ans, qui se fait traîner (robe courte d'où sort et descend sur les jambes le pantalon blanc — tignasse blonde). Derrière s'avancent, faisant des drôleries, piquant des bêtes de papier dans la jupe, les élèves Faribol et Patachon (douze ans) (ils portent la tunique avec ceinturon et le képi).

MADAME GIROFLE.

Où donc suis-je? On se perd dans tous ces *colidors*.

L'ENFANT, ton pleurnichard.

Maman, j'ai peur !

MADAME GIROFLE.

Tais-toi, chéri, mon Bouton d'Or !

BOUTON D'OR.

Je ne veux pas rester avec tous ces potaches !

MADAME GIROFLE.

Moi, je veux que tu sois un savant, que tu saches
L'orthographe !

BOUTON D'OR.

Pourquoi faire ?

MADAME GIROFLE.

Notre nom luit
Sur tous les murs. Je veux que tu sois plus instruit
Que ton papa, pourtant un homme de génie,
De la grosse Maison Girofle et Compagnie !
Du reste, mes parents et tous les Tardiveau
Ont une intelligence au-dessus du niveau,
Et moi-même je crois ne point manquer de tête :
Tu comprends.....

BOUTON D'OR, effrayé.

Dans le dos ils t'attachent des bêtes...

MADAME GIROFLE, se retournant, furieuse.

Voyez-moi ces petits polissons !

FARIBOL.

C'est pas moi !

PATACHON.

Moi non plus !

FARIBOL.

C'est pas nous ! C'est le grand Bonnefoy,
Qui là-bas se cavale !...

PATACHON.

Oh ! Oui ! C'est une teigne,
Lui !

MADAME GIROFLE.

Je veux bien vous croire... Il faut qu'on nous renseigne :
Nous nous sommes perdus dans tous ces *colidors.*
Je ne sais où mener mon petit Bouton d'Or.

FARIBOL.

Je vois. Vous demandez la cage aux oiseaux-mouches.
C'est plus loin, dans l'ancien potager, où sous couches

Poussaient les beaux melons, élèves du Censeur;
Il y bâillait aussi des choux d'une grosseur!...
Grâce à Monsieur Petit — nom fatal — tous les gosses,
Tous les Petits-Poucets, qui sortent de leurs cosses,
Tous les Popols, tous les Zozos, tous les Lilis,
S'en vont chercher là-bas leurs tables et leurs lits!

MADAME GIROFLE.

Montrez-moi le chemin de ce Petit-Collège.

FARIBOL.

C'est un grand bâtiment tout neuf. Mais comment vais-je
Vous le bien indiquer? Dis-le, toi, Patachon!

PATACHON.

Toi plutôt, Faribol!

BOUTON D'OR.

Partons.

MADAME GIROFLE.

Attends, bichon,
Sois sage!

FARIBOL.

Le fait est qu'on se perd dans la boîte.
Vous prenez ce couloir à gauche, puis à droite
Vous tournez.....

PATACHON.

Vous suivez un autre grand couloir
Jusqu'à des escaliers d'honneur, qu'il va falloir
Monter.

FARIBOL.

Vous traversez alors de magnifiques
Cabinets, dénommés cabinets de Physique;
Vous prendrez garde : il dort d'étranges appareils
Où souvent l'étincelle a d'effrayants réveils.
Quelques senteurs parfois...

BOUTON D'OR.

Oh! j'ai peur!

MADAME GIROFLE.

Patience,
Mignon! C'est la beauté, l'odeur de la Science!

PATACHON.

On y voit une peau d'homme entière, une peau
Avec ongles, cheveux adhérents et... chapeau,
Fort bien tannée!

BOUTON D'OR.

Allons-nous-en!

MADAME GIROFLE.

Montre-toi crâne :
C'est la Science!

FARIBOL.

Et puis on peut toucher le crâne
De l'illustre assassin du courrier de Lyon;
C'est épatant!

MADAME GIROFLE.

Mon jeune ami, nous oublions
Le chemin qui conduit vers le Petit-Collège.

FARIBOL.

Pas du tout. Au contraire, une fois là — j'abrège —
Vous pourrez aborder — *sic itur ad astra* —
Un bon préparateur qui vous renseignera!

MADAME GIROFLE.

C'est bien de ce côté?

FARIBOL.

Parfaitement.

MADAME GIROFLE.

Viens vite,
Mon poulet.

(Elle sort.)

FARIBOL.

Suivons-la du regard. Je t'invite
A rire encor, mon vieux...

PATACHON.

Pas de chance! Voici
Qu'elle interroge un autre... et revient par ici,
Couleur de la pivoine... A fuir ma jambe incline.

FARIBOL.

Sauve qui peut! Voilà l'auguste crinoline!

MADAME GIROFLE, rentrant.

Je me rappellerai longtemps ces *colidors!...*
... A propos, mon chaton, — est-ce que tu t'endors? —
(Il reste hébété, sans répondre.)
Sais-tu, sans rien passer, ton acte de naissance?
Rien n'est plus important que cette connaissance!
Ton professeur par là va d'abord te juger.
(Elle récite.)
« Narcisse-Clodomir-Napoléon-Roger... »
— Tu dors donc? — Sache bien tous tes noms de baptême,
Au cas où t'adviendrait un accessit de thème!

BOUTON D'OR, geignant.

Maman! Je n'en puis plus! porte-moi dans tes bras!

MADAME GIROFLE, cherchant de tous côtés.

A qui donc s'adresser?...

LA COMMÈRE, arrivant.

Quittez votre embarras,
Madame, acceptez-moi pour guide. Le Lycée,
Voyant croître en son sein sa race trop pressée,
Du cloître a dû sortir, prendre l'air au dehors.
L'aile lui pousse ainsi pour ses prochains essors!
La verdure et les fleurs convenant à l'enfance,
J'ai voulu que s'ouvrît dans un coin de Provence
L'éventail des palmiers sur un jardin d'hiver.
Tout est spacieux, tout, là-bas, joyeux et clair!

MADAME GIROFLE.

Je savais que Versaille avait ce privilège...

LA COMMÈRE, prenant par la main Bouton d'Or rassuré.

Enfant, venez sans crainte à mon Petit-Collège,
Où vous visiteront des songes enchantés.
(A ce moment arrive le chœur des petits collégiens.)
A vos jeunes amis mêlez-vous et chantez!

La Chanson du Petit Lycée[1].

(Air du *P'tit Pioupiou.*)

I

Notr' ministr' qu'a l'esprit génial
Se dit un jour : « Les Grands m'embêtent :
Pour voir ici d'plus joli's têtes,
Payons aux goss's un' boît' spécial'.
Pour qu'le Lycé' devienn' plus gai,
Qu'on aill' chercher dans les familles
Des frimousses un peu gentilles :
Mettons ces fleurs à notr' bouquet. »

Qu'il est gentil, qu'il est coquet,
Le p'tit potache au fier toupet
Sous le képi à la française!
Y en a pas un plus à son aise :
En uniform' qu'il a d'cachet, } *bis.*
Le p'tit potache au fier toupet! }

II

Faut voir not' tenu', dans la classe!
Tous, seuls, déjà nous nous mouchons.
Combett' partout cont' notre audace
Et mêm' prétend qu'nous chahutons.
Mais vraiment faut pas qu'on nous blâme
D'êtr' différents d'nos devanciers.
Ça vous met au cœur bien des flammes
D'êtr' vêtus comm' des officiers.

Qu'il est gentil..., etc...

III

(Montrant celui qui est dans l'œuf.)

Lui, pour entrer dans la carrière,
Il vient de quitter son cocon.
Aussi voyez sa mine fière :
Il fait la pige au plus luron.

---

1. Auteur anonyme.

L'papa se dit : « C'est un grand homme ;
De l'X il a déjà tout l'chic,
Et maint'nant, pour moi, c'est tout comme
S'il était à Polytechniq' ! »

Qu'il est gentil..., etc...

IV

Du Lycé' nous serons la gloire.
A ses prochain's éditions
Duruy nous coll'ra dans l'histoire
Pour épater les nations.
Aussi, quelque jour, je le gage,
A voir qu'elles ont pour enfants
De si méritants personnages,
La joi' f'ra pleurer nos mamans.

Qu'il est gentil..., etc...

INTERMÈDE

La Vision du dernier séquestré,
ou les Grands Anciens.

(Avec projections de M. Kruydt)

La Scène représente le Séquestre

INTERMÈDE

Personnages :

LA MUSE DU COLLÈGE. — L'Élève TESTEFOLLE.
LE GARDIEN DES ARRÊTS.

(Au dehors, bruit de lutte, cris.....)

L'ÉLÈVE TESTEFOLLE, se débattant.

Laissez-moi! vous n'avez pas le droit de me battre!
Non! je n'entrerai pas!

LE GARDIEN DES ARRÊTS, sourcils énormes, grosses moustaches hirsutes (tout en le poussant dans le cachot).

Mon petit diable-à-quatre,
Vous voyez bien pourtant que vous venez d'entrer!

TESTEFOLLE, ébouriffé, débraillé, furieux.

Grand lâche!

LE GARDIEN.

Il ne faut pas, mon cher, récalcitrer.
Vous devez me connaître.....

TESTEFOLLE.

Hélas!

LE GARDIEN.

Dans ce trimestre
Je vous ai bien conduit trente fois au séquestre.

TESTEFOLLE.

Oui! c'est ma vie à moi. *Sequestror, ergo sum!*

LE GARDIEN.

Maintenant mettez-vous vite à votre pensum.
Voici du papier blanc, une plume, un Virgile.
Que vos trois mille vers soient faits d'un doigt agile!

TESTEFOLLE, entre ses dents.

Je ne les ferai pas!

LE GARDIEN, menaçant.

Vous avez dit?

TESTEFOLLE, effrayé, s'installe au pupitre.

Rien!... rien!

LE GARDIEN.

Vous voici raisonnable et travailleur : c'est bien!.....
Lorsque vous aurez faim, vous prendrez ce remède.

(Il lui présente un morceau de pain sec.)

TESTEFOLLE, ironique.

Oui, les dons de Cérès!.....

LE GARDIEN, menaçant.

Vous avez dit : « C'est raide? »

TESTEFOLLE.

Je n'ai rien dit!

LE GARDIEN.

Voici l'eau.....

(Il lui présente une cruche.)

TESTEFOLLE, ironique.

Munera Bacchi!

LE GARDIEN.

Vous dites encor?

TESTEFOLLE.

Moi? rien!

LE GARDIEN.

Qui donc est bas? qui?
Répétez! Un seul mot encor, je vous empoigne!.....

(Testefolle fait semblant de commencer à écrire.)

Enfin, vous nous montrez du cœur à la besogne :
Je vais pouvoir l'apprendre à Monsieur le Censeur!

(Tout en s'en allant.)

Qu'est-ce qu'on n'obtient pas avec de la douceur!

TESTEFOLLE, seul, se levant rageur et jetant à terre papiers, plume et livre.

Non! je ne ferai rien! rien! rien!..... Je me révolte.
Tout le monde m'en veut. C'est moi seul qui récolte
La semonce et les coups, dès qu'un autre parla!
« Testefolle par-ci! Testefolle par-là! »

Est-ce ma faute à moi, si j'ai nom Testefolle?.....
Un hanneton bourdonne, une boulette vole :
« Testefolle aux arrêts tout dimanche prochain! »
Pauvre moi! Pauvre moi!..... Vous savez bien, Machin,
Le « prof » qui fait sa classe à la double baguette,
Deux gaules, l'une courte et l'autre plus longuette,
L'une « Gallia major », l'autre « Gallia minor »!
Eh bien! j'avais beau fuir : près ou loin, sud ou nord,
J'étais toujours atteint, et mes faibles épaules
Irrémissiblement portaient le poids des gaules!
Et depuis ce temps-là..... mes généreux Destins
M'offrent à copier trois mille vers latins!

(L'obscurité se fait insensiblement. Le premier moment de colère passé, il ramasse ses papiers, sa plume, son livre, et tout en s'apprêtant à faire sa tâche :)

Allons! mon brave Enée, avec nous à la fête,
Il te faut derechef essuyer ta tempête,
Et toi, triste Aristée, adjurer tes essaims!

(Après une pause.)

La Fortune parfois a d'étranges desseins!
Sunt lacrymæ rerum! Te doutais-tu, Virgile,
Doux poète, en soufflant les pipeaux de l'idylle,
En pleurant Eurydice ou chantant tes héros,
Que tes vers quelque jour deviendraient mes bourreaux!

(L'obscurité se fait plus grande.)

Mais mon regard se trouble, et ma plume qui tremble
S'égare sur la ligne effacée..... Il me semble
Que le soleil d'hiver éteint son lumignon!
Je suis, en vérité, né pour le noir guignon!
Je n'aperçois plus rien dans l'ombre incohérente.
Je vous prends à témoin, dieux de Didon mourante,
Tityre, recubans sub tegmine fagi,
Je voulais avec vous tout à l'heure, assagi,
Angélique, accomplir toute ma noble tâche;
Mais voici que Phébus ne veut pas — et me lâche.
Et donc, pour m'affranchir de mes mauvais démons,
Je ne vois plus qu'un charme efficace..... Dormons.

A ce moment, lumière projetée sur le mur, musique très douce. — Il relève lentement la tête, surpris par la vision d'une Muse qui s'avance vers lui.)

LA MUSE.

Qui je suis, mon enfant? — Je suis la bonne Muse
Protectrice du lieu, toute triste et confuse
De te voir si souvent paresseux et distrait.
Quand la faute en ton cœur mettra-t-elle un regret?
Quand sauras-tu comprendre à quoi l'honneur t'oblige?
Sache que l'écolier qui flâne et se néglige
Semble un traître à lui-même, à tous ses compagnons.
Un nom déshonoré fait tort aux autres noms.
Pour que la nef chavire, il suffit d'une rame.
Le Lycée, à travers les temps, forme une trame
Dont les maillons serrés, l'un l'autre se tenant,
Ne montrent que courage et labeur rayonnant.
Or, quand on fêtera les Cent Ans du Collège,
Quelle place attends-tu dans l'illustre cortège
De mes fils, dont je vais t'enseigner la vertu?
Sur mon beau Livre d'Or quel titre inscriras-tu?
Je feuillette avec toi mon palmarès[1] : contemple,
Ecoute, et puisses-tu, conseillé par l'exemple,
Dire : « Puisque l'effort les a su rendre grands,
« Par mon travail aussi je veux grossir leurs rangs! »

(Des projections présentent sur le mur les portraits des principaux élèves que la Muse a nommés. Le premier est celui du Recteur Gréard.)

Octave-Valery-Clément *Gréard,* de Vire :
Parmi mes lauréats dix ans ce nom put luire,
Le modèle accompli des internes boursiers!
Mes maîtres les meilleurs, dix ans, dix ans entiers,
De leurs savantes mains, que leur succès proclame,
Comme une cire pure ont modelé son âme,
Gourgaud et de Maizière, Anquetil et Bersot,
Chacun d'eux l'élevant quelque degré plus haut;

---

1. Le cadre trop étroit de cette scène, les exigences du vers, et de grandes difficultés d'exécution matérielle, ont empêché l'auteur de mentionner ou de présenter en projections un grand nombre d'anciens élèves qui, après de brillants succès au Collège, se sont distingués dans toutes les professions. Il tient à leur exprimer ici ses plus sincères regrets. Le Livre d'Or du Lycée reste à écrire.

Mais surtout, pour y mettre une suprême marque,
Sénèque et Tullius, Marc-Aurèle et Plutarque,
Graves et souriant à leur cher nourrisson,
Lui gravèrent au cœur leur plus noble leçon ;
Si bien que, caressé de la lumière antique,
Il semblait, calme et droit, dans sa finesse attique,
Dans son harmonieuse et sereine beauté,
Un marbre de Paros par Plutarque habité !.....
Et le parfait disciple à son tour devint maître :
Quel maître ! quel recteur ! Pas un cœur ne peut naître,
Un esprit — au métier d'homme — se façonner,
Que ce nouveau Rollin n'excelle à gouverner !
A tous les écoliers cinquante ans il se donne,
Et, disant ses adieux à la Vieille Sorbonne,
Il bâtit la Nouvelle avec son idéal.
Et puisque, ô mon enfant, en un jour triomphal,
Une voix de publique et juste déférence
Le salua « Premier Instituteur de France »,
Admire le Recteur Académicien,
Qui, boursier de Versaille, était ton grand Ancien !

(Testefolle applaudit.)

Combien dans son sillage et d'honneur et d'éloge
S'avancent dignement, vêtus de l'ample toge,
Tout chamarrés d'hermine et d'amarante ou d'or :
D'autres recteurs, *Théry*, *Couat*, l'ami de Catulle ;
Ce parfait proviseur, *Chevillard*; puis encor
Rigault, dont la malice agite la férule
Des partisans d'Homère attaqué par Perrault ;
Et *Delacroix*, ce fin lettré qui peina trop ;
Et *Kastus-Waddington*, qui d'Aristote parle,
Et *Valette*, un juriste, et les *Lefebvre*, *Charle*
Ou *Pierre*, — tout Lefebvre a de son nom l'amour, —
Et *Pavet de Courteille*, un déchiffreur d'ouigour,
Et ces deux inspecteurs, grandis sous mon égide,
Lachelier l'Humanisme et *Combette* l'Humour :
Combette, qui partout royalement préside,
Au milieu des savants par son savoir lucide,

Par sa verve joyeuse au milieu des amis,
De ceux qu'on ne peut pas n'applaudir qu'à demi !

TESTEFOLLE.

Oh ! Madame la Muse, un remords me pénètre :
Je sens, je vois, je crois. Il me semble à mon tour
Que je m'en vais m'asseoir dans la chaire du maître,
Enseigner la beauté du code ou de l'ouigour.

LA MUSE.

Mais c'est l'Ingénieur qui parmi nous domine.
Les uns jettent des ponts, les autres font des fours;
D'autres comme *Castel* descendent dans la mine,
Pendant que *Nansouty* s'élève sur des tours;
Boureuille étend des rails; mais *Voisin* perce un isthme
Pour te porter, Lesseps, de Marseille à Bombay,
Et, quand deux continents s'étonnent de ce schisme,
Parti Voisin tout court, il revient Voisin-Bey !

TESTEFOLLE.

Oui ! oui ! oui ! Je veux être ingénieur et bey !

LA MUSE.

Montrez-nous aussi votre empire,
Lefuel, Magne et *de Baudot !*
L'art de la pierre ici s'inspire
Aux nobles lignes du Château.
Que de théâtres, de lycées,
D'architecturales pensées
Sur nos horizons entassées...
De maisons avec ascenseurs !
Et partout la montagne s'ouvre :
La France de palais se couvre,
Paris voit allonger son Louvre...
Mes fils sont de grands bâtisseurs !

TESTEFOLLE.

Oh ! ma vocation tout à coup se découvre :
Je ferai des maisons avec des ascenseurs !

LA MUSE.

Salut, Faculté, mon amie,
Gosselin et *Denonvilliers!*
J'en ai toute une académie
Sous la robe et les tabliers!
Si *Luys* avec ses fous converse,
Si *Rémilly* chez nous exerce,
Cloquet s'attache au shah de Perse...
Puis, contre les spleens obsesseurs,
De Féraudy, ton rire éclate,
D'Hervilly nous charme et nous flatte,
Ordonneau nous purge la rate...
Mes fils sont de grands guérisseurs!

TESTEFOLLE.

Pour faire du bon sang à l'humanité triste,
Je serai médecin, certe,... ou vaudevilliste,
Il n'importe : les deux professions sont sœurs.

LA MUSE.

Choisis : que veux-tu? J'ai des gloires de tout ordre!
Des avocats : *Cresson*, grand bâtonnier de l'Ordre,
Carette, *Albert Joly*, pleuré par Gambetta,
George Haussmann, *Fromageot*...

TESTEFOLLE.

Je veux être avocat!

LA MUSE.

J'ai de savants amis des sphinx et des archives :
Pierret, *Coüard*, *Délerot*... Tombé sur d'autres rives,
L'astronome *Billet*...

TESTEFOLLE.

Je veux...

LA MUSE.

J'ai de parfaits
Botanistes : *Baillon*... Des peintres [1]... Des préfets...

---

1. M. *Eug. Chaperon.*

Des L'Hospital [1]... Des Gutenberg... Des journalistes...
La Belle-Jardinière [2]...

TESTEFOLLE.

Alors je veux...

LA MUSE.

Des listes
De députés, de sénateurs...

(Les projections présentent MM. *Louis Legrand, Godin, Delombre, Gast, Gauthier de Clagny, Gerville-Réache, Humbert, Hudelle, Tournade.*)

TESTEFOLLE.

Leur nombre est grand :
Qui choisir? je ne sais...

LA MUSE.

Vote donc pour *Legrand :*
Je ne te plaindrai pas... Veux-tu des agronomes?
Des notaires?... Des avoués?...

TESTEFOLLE.

Et tu les nommes?

LA MUSE.

Legrand...

TESTEFOLLE.

Tous ces Legrand ont donc l'étoile au front?

LA MUSE.

J'ai le drame *Aderer*, le roman *Chaperon*,
Et *Coulangheon*, la muse, et *Legrelle*, l'histoire,
Et l'art, *Rosset-Granger...*

TESTEFOLLE.

Grâce!

LA MUSE.

J'ai la victoire
En finances : un chœur d'inspecteurs généraux.
Vois, les gaillards! tous inspecteurs! tous généraux!
Lisa, des Roys du Roure...

---

1. MM. *Ditte, Duchauffour, Harel, Tournade.*
2. M. *Blanchard.*

TESTEFOLLE.

Encor !

LA MUSE.

J'ai « le Messie »,
Le Père *Enfantin*...

TESTEFOLLE.

Oh ! grâce !

LA MUSE.

En diplomatie,
Rameau, *Roger*, *Lefaivre*, *Harmand*, esprits subtils...
... J'ai des greffiers en chef du Tribunal civil...

(Portrait d'*Edouard Grison*.)

TESTEFOLLE.

Laissez-moi respirer, admirer — sans vertige.

LA MUSE.

Du labeur dans la paix tu vois là le prodige.
Mais au jour du danger, toujours prêt à s'offrir,
Si l'on sait vivre ici, l'on sait aussi mourir.

L'eau du Canal dort calme en son bois qui l'encadre :
Et pourtant, amiral *Touchard*, ta fière escadre
A tous les flots du monde imprima son sillon ;
Pourtant, *Marin-Darbel ! Manceron ! Hautefeuille !*
Versailles sur les mers, où la gloire se cueille,
Peut arborer son pavillon !

Mais ma Maison, surtout, c'est un grand prytanée
Où j'instruis des soldats, où des miens — chaque année
Pour servir le pays renouvelle la fleur ;
Saint-Cyr, Polytechnique en comptent par centaines,
Et ces *quatre sergents*, avec leur *Capitaine*,
Prouvent assez notre valeur !

(Projection des quatre sergents de 1887, *Liénard*, *Lebrun*, *Marix*, *Gallois*, avec leur professeur, *M. Hubert*.)

Tous les champs de bataille ont reçu mon offrande :
On vous vit en Crimée, *Ansous* et *Lavarande*,
Quand la Victoire encor nous couvrait de son vol ;

La Fontaine et *Minot*, vous fûtes de la fête,
Et combien, moins connus, s'élancèrent en tête
A l'assaut de Sébastopol!

Et quand s'abat sur nous l'invasion teutonne,
Quand *Abel Douay* tombe au premier coup qui tonne,
Et qu'un suprême effort défend le sol sacré,
Legrand, *Comte* ou *Béraud*, *Gourgaud*, *Poulle* ou *de Mentque*,
A l'appel gémissant du clairon, nul ne manque
Autour du Drapeau déchiré!

Puis pour ôter l'Afrique aux rapines des hordes,
Pour la rendre à la paix, *Lewal*, *Borgnis-Desbordes*,
Dites-nous vos exploits sur des Nigers lointains;
Dites, *René Masson*, que le mystère attire,
Compagnon de Flatters, dites votre martyre
Dans les Saharas incertains!

Et les noms de mes preux déroulent leurs guirlandes.
Dites comment, là-bas, vous tombiez, ô *Rollandes*,
Au bord de la rizière, en sauvant Dominé;
Et vous, ô *Feit*, *Wilden*, que la Chine a vus braves,
Enseignez-nous ici qu'aux heures les plus graves
Le plus jeune encor vaut l'aîné!

Et pour tous ces vaillants, mes fils, — je te convie
A dresser dans la joie un Monument de Vie,
O *Paul Bartholomé*, sculpteur que j'ai nourri,
Et je voudrais qu'au seuil, rêvant près d'une stèle,
Quelque vierge évoquât l'Espérance immortelle
Avec son baiser qui sourit!

TESTEFOLLE, converti.

Oui, je comprends : la vie est précieuse et belle.
Je me repens. Docile à la voix qui m'appelle,
J'aime avec tout mon cœur mon métier d'écolier.
Je ne songe à présent qu'à gravir l'escalier,
Si haut, si dur qu'il soit, des vertus et des grades.
Je vous prends à témoin, mes nobles Camarades,
Dont l'heureuse leçon m'a soudain transformé,

Pour mon œuvre avec vous je veux être nommé.
Je déclare accomplir sur ce globe terrestre
Le dernier des pensums dans le dernier séquestre,
Et banc d'honneur, cahier d'honneur, tableau d'honneur,
On ne me verra plus qu'où se voit de l'Honneur!

(Sur ces derniers mots, la lumière s'est éteinte, la Muse a disparu. Testefolle se retrouve endormi dans l'obscurité la plus profonde. — Le Gardien des arrêts revient avec une lampe, et s'approche du dormeur.)

LE GARDIEN, adouci, avec un regret.

Comme il dort bien!... Tant pis! éveillons-le!

(Il le secoue.)

TESTEFOLLE, dans un demi-sommeil.

Ma Muse,
Ne t'en vas pas!... Où suis-je?

LE GARDIEN.

On vous doit quelque excuse,
Vous ayant oublié...

TESTEFOLLE.

Non! Non! Si tu savais
Le songe merveilleux qu'à l'instant je vivais!
J'eusse aimé seulement que ma nuit fût moins brève...
Oh! Merci! Laisse-moi t'embrasser pour ce rêve!

(Il lui saute au cou.)

LE GARDIEN, ahuri.

Qu'est-ce?...

TESTEFOLLE.

Si tu savais!... Gréard... Voisin... Lewal...
Des plus grands je deviens l'ambitieux rival!
Plus de pensum! Plus de séquestre! Plus d'histoires!
Tous des modèles! Tous en route pour la gloire!

LE GARDIEN, de plus en plus ahuri.

Qu'est-ce qu'il dit? Vous comprenez?... Moi, je ne sai...

TESTEFOLLE.

Nous irons tous au bois : les lauriers ont poussé!

DEUXIÈME PARTIE

AUJOURD'HUI

La Scène représente la Cour d'Honneur du Lycée

(Décor de M. Larrue)

SCÈNE PREMIÈRE

Les Plaintes du Père Comtois.

Des ouvriers, maçons et peintres, sortent en chantant du Lycée, qu'ils viennent de restaurer. — Quelques élèves circulent, vêtus du nouvel uniforme. — Les ouvriers font mine de vouloir aussi les badigeonner à neuf : rires de la bande, qui s'enfuit.

LE PÈRE COMTOIS, mélancolique, appuyé sur son bâton.

Ah! depuis Quarante-Huit, j'en ai roulé des heures
Sur le tambour sonore aux vigoureux accents,
Et j'en ai vu changer des choses, — les meilleures :
Toi seul, Père Comtois, tu tiens bon et demeures,
Quand tout passe et s'inscrit au Cahier des absents!

Quel réveil étonné, si peu que l'on s'endorme!
Moi-même je m'égare en nos couloirs repeints.
Classes, études, cours, tuniques d'uniforme,
Tout se déforme et se réforme et se transforme :
A quand le tour des vieux tapins?

Partout du badigeon! partout des coups de pioche!
Dirait-on pas qu'ils ont d'hydropiques budgets?
Mon collège surpris s'appelle Bazar Hoche,
Et tristement, bien tristement, mon front se hoche,
Voyant nos jeunes gens dont on fait des Hochets!
(A ce moment passent des menuisiers, emportant de vieilles tables et de vieux bancs.)

Hélas! que j'en ai vu partir de vieilles tables,
De ces vieux bancs de bois, ni moelleux ni cossus,
Mais capables d'user les fonds les plus notables,
Cachés toujours dessous, mais aussi respectables
Que ce qui se mettait dessus!

Que j'en ai vu partir de ces tables antiques
Que depuis cinquante ans ma ferveur astiquait!
Que j'ai bouché de trous avec les noirs mastiques,
Pour qu'à tous, sur leurs bois unis, démocratiques,
La Science offrît son banquet!

Que j'en ai vu partir de ces tables modèles,
Glorifiant les noms dont l'acier les cribla !
Des rayons de soleil s'y jouaient; autour d'elles
Les souvenirs du peuple erraient encor fidèles :
« Il s'est assis là, grand'mère ! Il s'est assis là ! »

Mais qu'aperçois-je encor?

SCÈNE II

Le Départ des Vieux Poêles.

Deux Vieux Poêles attardés s'avancent péniblement, dodelinant de la tête.

LE POÊLE DE PHILO, sentencieusement.

Quelles mœurs !

LE POÊLE DE RHÉTO, exalté.

Quelle époque !
C'est indigne : l'Etat m'expulse !

LE PHILOSOPHE.

Il me révoque !

LE RHÉTORICIEN.

Et par qui supplantés? Par cet être rampant,
Sournois et ténébreux, qui, comme un long serpent,
Glisse et s'étend partout : par le calorifère !
Ah ! fumistes ! Je vous maudis !

LE PHILOSOPHE.

Qu'alors y faire?

LE RHÉTORICIEN.

Il ne nous reste plus qu'à nous jeter à l'eau !

LE PÈRE COMTOIS, attendri.

Pauvres amis !

LE PHILOSOPHE, à son camarade.

Crois-moi, — j'ai fait de la philo ! —
Il faut savoir aller — pourquoi tu te tracasses? —
Où vont les vieux tuyaux et les vieilles carcasses !

LE RHÉTORICIEN.

C'est cela! j'ai chauffé la Rhéto cinquante ans,
Et c'est bien qu'un brillant serviteur du vieux temps
S'en aille, et n'ait plus rien, rien à se mettre au ventre?

LE PÈRE COMTOIS, se baissant et regardant par la porte ouverte.

Le fait est, là dedans, que c'est noir comme un antre!

LE RHÉTORICIEN.

Tant d'injuste mépris suffit à m'enflammer!

LE PHILOSOPHE.

Fais comme moi. Sois sage, apprends à te calmer,
Et subis sans gémir l'ingratitude humaine.
J'ai vécu soixante ans au milieu des Noumènes,
Grave, toujours fumeux et ne chauffant jamais.
Les blancs stoïciens, qu'aux vertus je formais,
En vain chipaient pour moi les bûches et la houille;
Penchés sur mon foyer, où le tisonnier fouille,
En vain, à deux genoux, ils soufflaient en pleurant.
Rien ne pouvait toucher mon cœur indifférent :
L'allumette mourait au vent de ma glacière,
Et les nez bleuissaient, coulaient, pleins de misère,
Et les doigts crevassés saignaient, et des glaçons
Pendaient à chaque mot des plus doctes leçons,
Et tous, les pieds gelés, tous, l'échine transie,
Faisaient bravement leur campagne de Russie!...
Que nos deux fiers débris se consolent entre eux!

LE RHÉTORICIEN.

Moi, je regretterai toujours ces temps heureux,
Où l'on ne vivait pas à la vapeur, où, poêle,
Gaîment dans tous les yeux j'allumais une étoile.
J'étais la joie et l'imprévu de la Rhéto.
Dès qu'entrait le chauffeur, tous les fronts, aussitôt
Se levant, enchantés de l'aimable visite,
Brûlaient la politesse à Sophocle ou Tacite.
Le maître s'arrêtait, et, suçant des bonbons,
La toque sur l'oreille, admirait mes charbons.

Puis le garçon parti, je m'en payais, sans honte
Je pétillais, mettant dans l'air un goût de fonte,
Avec des bruits de gaz, pareils à des sifflets.
Puis plus calme, longtemps, doucement je ronflais,
Et l'explication ronronnait somnifère,
Et dans l'insidieuse et pesante atmosphère,
L'œil sentait, demi-clos, sur le livre penché,
D'une molle torpeur descendre le péché...
Poésie innocente à jamais supprimée!

LE PHILOSOPHE.

Sic transit gloria mundi : cendre et fumée!

LE PÈRE COMTOIS.

(*Chanté*[1].) — (Air des *Deux Aveugles*. Offenbach.)

Mes amis, faut nous séparer :
L'Hygiène ici fait sa poire.
Moi, je reste, hélas! pour pleurer :
Bientôt je n'pourrai plus m'y *voire*...

Je n'pourrai donc plus à présent,
Quand l'Econom' nous fait la guerre,
Dans vos estomacs complaisants
Fourrer tout c'qui s'traînait à terre?

PREMIER POÊLE.

Dans ce vieux bahut tout est mis sens dessus dessous!
Maîtres et garçons, tout vient s'acharner contre nous.

DEUXIÈME POÊLE.

Dans quelque mansarde allons donc gagner notre vie.
L'hygiène ici tourne à la folie!

PREMIER POÊLE.

Ah! partons, partons fièrement, et le tuyau haut! (*bis.*)
Ne nous laissons pas traiter ainsi de vieux fourneaux! (*bis.*)

LE PÈRE COMTOIS, resté seul.

(*Parlé.*)
Et pourquoi tout ce trouble, où je me courbature,
Et tant de plâtre neuf et de fraîche peinture?

---

1. Auteur anonyme.

— Pour que nous puissions voir, bonne à morigéner,
La dame que voici, l'Hygiène, régner !

(Il sort.)

SCÈNE III

Hygiène et Surmenage.

Entre HYGIÈNE, suivie de près par SURMENAGE.

SURMENAGE.

Enfin vous l'emportez, et la peur du microbe,
Que pourrait soulever un pan de votre robe,
Vous concède un pouvoir qui n'était dû qu'à moi !

HYGIÈNE.

Peux-tu songer encore à nous dicter ta loi,
Monstre qui te complais dans la geôle étouffante,
Surmenage ! Ton nom porte autant d'épouvante
Que celui d'un bourreau, martyriseur d'enfants !
Hors d'ici, vite ! Au nom des mères, je défends
Que tous ces chers petits, tu me les intoxiques !

SURMENAGE.

Tous nos savants chenus et tous nos vieux classiques,
Ces gens que j'ai tués, ont assez bien vécu !
Mais mon tort le plus grand, c'est que tu m'as vaincu !

HYGIÈNE.

Qui put jamais nombrer tes naïves victimes ?

SURMENAGE.

Oh ! la docte Hygiène ! A quel prix tu t'estimes,
Depuis qu'en nos couloirs, par un avis charmant,
Ta prudence interdit le libre... éternûment !

HYGIÈNE.

De l'air et de la vie aux forçats que tu lasses !
Le professeur lui-même, interrompant ses classes,
Mène s'ébattre en cour ceux que ton joug meurtrit :
Ouvrons toute fenêtre ! Aérons tout esprit !

SURMENAGE.

Et n'enseignons plus rien que des sports inutiles !

HYGIÈNE.

La force et la santé te paraissent futiles?

SURMENAGE.

Le corps te paraît-il notre suprême fin?

HYGIÈNE.

C'est dans les bons fourreaux qu'est l'acier le plus fin.

SURMENAGE.

J'ai toujours cru d'abord l'étude salutaire.

HYGIÈNE.

Le pire des états, c'est l'état... sédentaire!

SURMENAGE.

N'est-il plus d'autre soin que de perdre son temps?

HYGIÈNE.

Les instants bien perdus sont les meilleurs instants.
Lutter, courir, nager, viser dans une cible,
Se rendre, à l'aviron, au fleuret, invincible,
Se faire des poumons, des jarrets et des bras,
Est-ce se dépenser en des plaisirs ingrats?
L'adolescence, ardente aux fêtes athlétiques,
Aime à parer son front des couronnes antiques :
L'honneur de la plastique et du muscle renaît,
O joie! et Phidias, chez nous, s'il revenait,
Voyant nos jeunes gens et leurs formes si belles,
Voudrait de tous ses dieux les prendre pour modèles!...
Et justement voici des amateurs du tub,
Dans les matchs de football dignes du Racing-Club.

SCÈNE IV

Entrée de footballistes : deux groupes de six, un capitaine. (*Ils chantent.*)

Ronde du Football[1].

(Ritournelle connue.)

PREMIÈRE ÉQUIPE.

Y en a qui font du grec :
D'autr' potassent Sénèque.

---

1. Auteur anonyme.

(*En chœur.*)
Nous préférons
L'football Association.

DEUXIÈME ÉQUIPE.

Du Taupin l'idé' fixe
Est d's'faufiler à l'X.
(*En chœur.*)
C'qui nous sourit,
C'est le football Rugby.

PREMIÈRE ÉQUIPE.

Le Cornichon coquet
Ne rêv' que d'son plumet.
(*En chœur.*)
Nous préférons
L'football Association.

DEUXIÈME ÉQUIPE.

« Faut battr', dit not' Patron,
Au grand concours Janson. »
(*En chœur.*)
Nous n'voulons d'prix
Qu'au jeu d'football Rugby.

PREMIÈRE ÉQUIPE.

Thomas vant' la Philo,
Schlesser pouss' la Trigo.
(*En chœur.*)
Nous préférons
L'football Association.

DEUXIÈME ÉQUIPE.

« Courag', dit l'brav' Bezard,
Vous aurez l'prix Gréard. »
(*En chœur.*)
Il nous suffit
D'êtr' champions du Rugby !

PREMIÈRE ÉQUIPE.

Néant dit à Seidel :
« J'les mène au tir Lebel. »
(*En chœur.*)
Nous préférons
L'football Association.

DEUXIÈME ÉQUIPE.

Pour l'honneur du bahut,
L'Censeur dit : « Pas d'chahut ! »
(*En chœur.*)
Y a pas d'souci,
Tant qu'nous aurons l'Rugby.

PREMIÈRE ÉQUIPE.

Les professeurs de langues
En hébreu nous haranguent.
(*En chœur.*)
Nous préférons
L'football Association.

DEUXIÈME ÉQUIPE.

L'docteur pour nous soigner
A la diète nous met.
(*En chœur.*)
Flût' ! Je m'enfuis.
Viv' le football Rugby !

PREMIÈRE ÉQUIPE.

La Sœur nous offr' tout' crue
Son huil' de foi' d'morue.
(*En chœur.*)
Nous préférons
L'football Association.

DEUXIÈME ÉQUIPE.

C'jeu nous ouvr' l'appétit :
L'Econome en jaunit.

(*En chœur.*)
Tant pis pour lui!
Viv' le football Rugby!

(Pendant que les footballistes chantent, HYGIÈNE les regarde avec complaisance, SURMENAGE hausse les épaules et lève les bras au ciel. — A la fin de la chanson, les footballistes aperçoivent SURMENAGE et le chassent.)

SCÈNE V

Le Panglossisme ou la Méthode Supra-Directe.

Entre le charlatan PANGLOSS (ample manteau, chapeau à larges bords, croix de commandeur, suspendue au cou).

Personnages :

QUELQUES ÉLÈVES, PANGLOSS.

PANGLOSS.

Bravo! Fort justement, mes amis, vous gravâtes
Au dos du vieux gêneur vos joyeuses savates!
Je combats avec vous pour votre liberté.

UN ÉLÈVE.

« Surmenage » est tenace : insulté! souffleté!
Rossé! Nous subissons toujours le bon apôtre!

UN AUTRE.

Chassé par une porte, il reparaît par l'autre,
De programmes plus lourds prêt à nous saluer.

LE PREMIER.

La pieuvre! On ne sait pas comment s'en dégluer!

PANGLOSS.

Ne vous étonnez point d'en rester tributaires:
Il a des protecteurs dans tous les ministères!
— Mais j'affirme le monstre à tout jamais exclu :
Par moi vous saurez tout et ne trimerez plus.
Ni livres, ni cahiers! ni versions, ni thèmes!
Plus rien! J'ai découvert le plus sûr des systèmes
Pour apprendre une langue entière sans leçons.

LE PREMIER ÉLÈVE.

La méthode directe?

LE SECOND.

Oh! nous la connaissons!

PANGLOSS.

Non! la mienne, Messieurs! C'est la supra-directe!
La vôtre, un peu vieux jeu, quoique je la respecte,
Ne me paraît pas, pas du tout directe : car,
Pour la bien pratiquer, il faut tout un bazar,
Une Exposition Internationale!...
La méthode vraiment directe, originale,
Simple, scientifique et naturelle, c'est
La mienne! Et l'on sait tout, Messieurs! dès qu'on la sait!
— Il n'est plus, grâce à moi, Messieurs! de langues mortes.
Je vous les fais parler plus vivantes, plus fortes,
Que lorsqu'elles vivaient! Et tout ce qu'on chanta
Au vieux temps, le sanscrit du Mahabharata,
Et le latin de Plaute, et l'ionien d'Homère,
Seront sus, comme appris au sein de votre mère!
— Et, Messieurs! dans ces temps de lutte où nous vivons,
Pour vendre nos romans, nos vins et nos savons,
Il faut parler très haut sur les marchés du monde!
Le commis-voyageur devient par sa faconde
Le maître de l'Asie et du Continent Noir :
Le silence aujourd'hui n'est qu'un pauvre éteignoir.
N'a-t-on pas dit : « Qui sait deux langues vaut deux hommes? »
A ce compte, voyez ici combien nous sommes,
Si demain vous pouvez comprendre par mes soins
De cent peuples divers les plus durs baragouins!
Et ce passe-partout, instrument de conquête,
Mieux que l'Espéranto, c'est moi qui vous l'apprête
En réconciliant Caïn avec Abel,
Moi, l'illustre Pangloss, nommé l'Anti-Babel!

(Il chante.)

Pick, Pinck, Pock, achetez ma recette :
Rien n'est plus direct!

Ça s'démontre en cinq sec.
Pick, Pinck, Pock, j'vends tous les dialectes :
All right! Macaroni! Ollé! Ollé! Gretchen! Water[1]!.....

Et qu'est-ce qu'une langue? — En notes musicales,
C'est de l'esprit traduit par les cordes vocales.
Or, les esprits du monde entier sont tous parents,
Les larynx seuls, d'un peuple à l'autre, différents.
Autant donc de larynx, autant de clarinettes,
Dont l'anche joue à l'air diverses chansonnettes;
Et — voilà le secret que m'a livré le sphinx —
Pour changer d'idiome, on change de larynx.
— Eh bien! Messieurs, après trente-sept ans d'études,
J'ai trouvé le moyen, selon les latitudes,
De vous donner à tous un larynx garanti
De Russe ou de Chinois, d'Apache ou d'Achanti!
Choisissez! Aimez-vous, usant du Panglossisme,
Glousser, mâcher du fer, ou prendre un gargarisme?
Aimez-vous l'algonquin, le baskir ou... l'agrach,
Les plus exquis jargons dormant au bric-à-brac
De la Philologie et de la Linguistique?
Du Cafre et de l'Astèque êtes-vous fanatique?
Voulez-vous du Bédouin suivre le ramadan?
— Vous vous appliquez là, sur la pomme d'Adam,
Cette petite boîte, ampoule ou cassolette :
De l'organe à l'instant conversion complète!
Le muscle constricteur, crico-thyroïdien,
Ou le dilatateur, l'aryténoïdien,
S'émeuvent, et suivant qu'il l'allonge ou la torde,
Le muscle va changer le son de chaque corde;
Et c'est ainsi, Messieurs! que je vous fais tantôt
D'un larynx versaillais un larynx hottentot!
Comment?... C'est mon secret, merveilleux, fantastique!
(Il tire de sa poche une cassolette, et la montrant :)
Voici du pur anglais, de l'anglais authentique :
(Il s'applique la cassolette.)

1. Les parties chantées de ce rôle sont l'œuvre d'une collaboration anonyme.

« Ritirata! troppo mangiai macaroni! »
(Rires des élèves. Riant lui-même.)
Tiens! l'on croit vous entendre, ô bons lazzaroni!
J'ai pris pour une Anglaise une Napolitaine!
(Tirant et s'appliquant une autre cassolette.)
Mais écoutez : je tiens une Anglaise certaine.
« How do you do, my dear? Well! very well! Thank you! »
— Hein! cela vous a-t-il l'air anglais, — cadédiou!
Eh bien! de cette étrange et rare cassolette,
Messieurs, je ne dis pas que vous fassiez l'emplette.
Ce n'est pas cent louis, cent sous que je la vends!
Non! nous sommes, Messieurs! de ces vrais grands savants,
Bienfaiteurs de l'espèce humaine! Je la donne!
(Toutes les mains se tendent inutilement.)
Mais s'il vous arrivait de la perdre, personne,
Personne autre que vous ne saurait en user.
C'est que nul en effet ne peut savoir causer,
Dans les gosiers rétifs rien ne se développe,
Sans l'aide du secret, joint sous cette enveloppe.
(Il présente une enveloppe cachetée.)
Et ce secret, qui met tout sens dessus dessous,
Je vous le donne encor — seulement pour dix sous!
(Présentant plusieurs cassolettes accompagnées d'enveloppes.)
A qui l'anglais? A qui l'arabe? A qui le tchèque?
(Quelques mains se tendent timidement.)
Plus n'est besoin de cours ni de bibliothèque!
Toute langue à présent devient pour vous un jeu.
Pour dix sous seulement vous comprenez l'hébreu
Mieux que les Instituts et toute la Sorbonne!
N'hésitez point, pendant que la méthode est bonne,
En sa fraîcheur nouvelle encor pleine d'appas;
Dans quelques mois, Messieurs! je n'en répondrais pas!
(Il chante.)
Enfoncés, rasés, Sanderson, Berlitz!
Pour l'anglais, l'allemand, c'n'est qu'dix sous prix fixe!
Par mon procédé, j'supprime les linguistes,
Truch'ments, Ciceroni, interprèt's tous fumistes!
(*Refrain.*) Pick, Pinck, Pock.....
(Le refrain est repris en chœur par tous les élèves : « Pick, Pinck, Pock..... »)

(Pendant ce temps, le charlatan distribue ses enveloppes et reçoit l'argent en échange. Un seul élève refuse ostensiblement. Quand le refrain est fini, le charlatan disparaît. — Un élève, qui a acheté une enveloppe, la décachette ; il s'avance sur la scène et lit la recette.)

L'ÉLÈVE, lisant.

« Pour apprendre l'anglais sans labeur trop austère,
« Commencez par passer deux ans en Angleterre ! »

(Exclamations des élèves.)

UN AUTRE, lisant la sienne.

« Comptez, pour bien parler mohican ou niam-niam,
« Trente mois de paillote ou vingt-cinq de wigwam. »

(Nouvelles exclamations.)

UN TROISIÈME, lisant.

« Le grec et le latin sont des langues aisées,
« Si l'on va faire un tour dans les Champs-Elysées ! »

TOUS, furieux, s'élançant à la poursuite du charlatan.

Hâbleur !..... Fripon !..... Coquin !..... Tu vas te repentir !.....
Nous allons t'enseigner à parler sans mentir !.....
Tâchons de le reprendre : il est bon pour la schlague !

(Reste seul l'élève qui a refusé d'acheter la recette.)

L'ÉLÈVE, aux spectateurs.

Ah ! moi, je savais bien que c'était de la blague !
Qu'importe la méthode ! Il faut se résigner :
On n'apprend jamais rien, jamais, sans « besoigner » !

(Passe à ce moment SURMENAGE triomphant. Il s'arrête à distance, contemplant les deux personnages qui s'avancent.)

SCÈNE VI

RHÉTORIQUE ET JEUNE PREMIÈRE.

Pendant que SURMENAGE guette à distance, la JEUNE PREMIÈRE, alerte et pimpante, s'avance à un bout de la scène, tandis qu'à l'autre se lamente la VIEILLE RHÉTORIQUE, qui tout d'abord n'aperçoit pas sa rivale.

LA JEUNE PREMIÈRE.

Voyez-vous cette noble dame
Qui fait encor ses embarras,
Battant de l'aile avec son bras
Comme un héros de mélodrame ?
— C'est ma vieille sœur la Rhéto !

LA RHÉTORIQUE, sans voir la Jeune Première.

Jusques à quand enfin, ô Messieurs les ministres,
Devez-vous sans merci, par vos édits sinistres,
Retourner dans mon cœur le perfide couteau?

LA JEUNE PREMIÈRE, railleuse.

Voilà *l'exorde ex abrupto!*

LA RHÉTORIQUE.

C'est votre mère, ingrats! que votre plume immole!

LA JEUNE PREMIÈRE, même jeu.

Ça, c'est plutôt une *hyperbole!*

LA RHÉTORIQUE.

Pourquoi frapper le sein qui vous a tous nourris?
Avez-vous oublié d'où vient votre fortune?
Ministres! députés! héros de la tribune!
N'est-ce pas moi qui fais la beauté de vos cris?

LA JEUNE PREMIÈRE.

Je goûte assez cette *apostrophe!*

LA RHÉTORIQUE.

O catastrophe!
Une dernière fois je voulus voir du moins
La salle où présidaient les Neuf Muses, témoins
De si pompeux combats et de vers et de prose.
J'allai, par les couloirs, jusqu'aux moindres recoins,
Quêtant sur chaque seuil mon nom si grandiose!
Vains désirs! efforts superflus!
Dans la tombe sans doute à jamais je repose :
Je me cherchai moi-même et ne me trouvai plus!

LA JEUNE PREMIÈRE.

On dirait une *hypotypose!*

LA RHÉTORIQUE.

Je ne vous dirai pas, injustes contempteurs,
Qu'il vous faut rallumer mon soleil qui s'éclipse.

LA JEUNE PREMIÈRE.

Ça s'appelle une *paralypse!*

LA RHÉTORIQUE.

Mais tremblez! Tout se meurt, idée et passion,
Où l'éloquence ne fulgure!

LA JEUNE PREMIÈRE.

Bon! voilà l'*imprécation*,
Qui paraît de terrible augure!
Cette Rhétorique à tous crins
Ne nous fera pas, je le crains,
Grâce d'une seule figure!

LA RHÉTORIQUE.

O divin Isocrate, ô Dion Bouche-d'Or,
Quintilien, Fronton, et tout ce qui déclame,
Hermogène et Longin et cent autres encor,
Qu'aurait pensé votre grande âme,
Si vous eussiez pu voir, en ces temps dissolus
Où la froide Science a soufflé toute flamme,
Que ce sont les rhéteurs qui ne gouvernent plus!

LA JEUNE PREMIÈRE, s'approchant de la Rhétorique et lui frappant brusquement sur l'épaule.

Fabricius! elle est tapée,
Ta fatale *prosopopée!.....*
C'est bien! Je voudrais seulement,
Pour me combler tout à fait d'aise,
Que vous ajoutassiez à ce discours charmant
Une petite *catachrèse!.....*
Voyez-vous, c'est plus fort que moi,
Chère dame, vos noms baroques,
Hyperbates ou *synecdoques*,
Me font vibrer d'un fol émoi!

(Elle éclate de rire. — A ce moment arrivent quelques élèves qui assistent à leur débat.)

LA RHÉTORIQUE, aigrement.

L'ironique gaîté vous est bien familière,
Ma mie!..... On vous croirait quelque jeune première!.....

LA JEUNE PREMIÈRE.

Mais oui! je suis Jeune Première,
Et même de quatre façons;
Sans dépit, ma sœur, ni rancune,

C'est bien nous qui vous remplaçons,
Etant quatre où vous n'étiez qu'une.
Sous ce mélange de couleurs,
Vert, violet, rouge et jonquille,
J'ai l'air d'un vrai bouquet de fleurs!
N'est-ce pas que je suis gentille?

LA RHÉTORIQUE.

On dirait l'alphabet avec A B C D,
Ou Madame Arlequin qui m'aurait succédé!

LA JEUNE PREMIÈRE.

Prompte et souple, fine et diverse,
Avec tous vivants je converse
Sans rien renier des grands morts;
Je sais, par la voix de mes maîtres,
Au miel ancien des bonnes Lettres
Joindre le vin nouveau des forts!

LA RHÉTORIQUE.

En style d'aujourd'hui, vous êtes « modern-style »!

LA JEUNE PREMIÈRE.

On ne peut plus être futile,
Ou bien gare aux Anglo-Saxons!

(Montrant les élèves qui les écoutent.)

Demandez à ces fiers garçons
Ce qu'ils jugent le plus utile!

VOIX DU PREMIER GROUPE.

— L'anglais! — L'allemand! — L'espagnol!
— C'est du commerce qu'on veut faire!
— Dans l'un ou dans l'autre hémisphère
De la vapeur suivons le vol!
— Faut-il savoir, chez les Arabes,
Les Chinois ou les Esquimaux,
Jongler avec de jolis mots,
Gratter doctement des syllabes?

LA JEUNE PREMIÈRE.

Vous voyez à ceux-là ce que je dois fournir!

LA RHÉTORIQUE.

Qu'ils partent! Ils auront tôt fait d'en revenir!

VOIX DU DEUXIÈME GROUPE D'ÉLÈVES.

— Nous, la Science nous régente!
— Les Logarithmes nous sont doux!
— A nous, les Algèbres! — A nous,
Sinus, Cosinus et Tangente!
— Nous voulons *per fas et nefas*
Sonder tes secrets, ô Nature!
— N'avoir plus d'autre nourriture
Que le parfum de tous tes gaz!

LA JEUNE PREMIÈRE.

Voilà les goûts réels qu'il nous faut satisfaire :
On se moque du beau langage! Comment faire?

(Elle chante.)

(Air des *Vieilles Gardes*, Léo Delibes.)

Couplet des Langues vivantes [1].

Comment fair', quand de tous côtés
Il faut savoir jaspiner,
A Londre, à Rome, à Séville,
Etr' compris comme à Belleville?
Apprendr', tant qu'l'Espéranto
Ne les a pas réduits en o,
L'all'mand, l'anglais, toute la lyre!
Ia, mein herr! Yes, my dear!

LA JEUNE PREMIÈRE.

(*Duo.*)
Non! c'est bien fini du passé!
Les vieux bateaux sont trépassés!
Et pourtant nous t'aimons encore :
Oui, chacun d'nous de loin t'adore! — Oh! de très loin!

LA RHÉTORIQUE.

Non! C'est inouï, c'est insensé!
Vouloir enterrer le passé!
Ingrats, si vous m'aimez encore,
C'est de près que j'veux qu'on m'adore! — Et non de loin!

---

1. La partie chantée de cette scène est due à une collaboration anonyme.

Couplet des Sciences.

LA JEUNE PREMIÈRE.

Dans l'siècle des ingénieurs,
Nous d'vons lâcher les rhéteurs,
Et r'nonçant à l'éloquence,
N'jurer que par la science.
Au temps des automobiles,
Il faut r'miser l'char d'Achille :
Aux ail's d'Icar' nous préférons
Le ballon d'Santos-Dumont.

(*Trio.*)
Non! C'est bien fini du passé.....
Non! C'est inouï, c'est insensé.....

SURMENAGE, qui jusque-là était resté à distance, se glisse au milieu d'eux et chante :

Non! C'n'est pas fini du passé.
L'Surmenag' n'est pas trépassé.
Il vivra bien longtemps encore,
Quoiqu'il n'puiss' pas dir' qu'on l'ador'! -- Pas mêm' de loin!

LA RHÉTORIQUE.

(*Parlé.*)
Elvire, où sommes-nous? Et qu'est-ce que je voi?
Surmenage, mon vieux compagnon, devant moi!

SURMENAGE.

Oui! l'on me peut chasser; mais toujours jeune, alerte,
Je connais le retour par la fenêtre ouverte!

(Musique. Il chante.)

Pour rentrer ici, ma foi,
Je n'eus qu'l'embarras du choix!

LA RHÉTORIQUE.

(*Parlé.*)
Tu ne fais, vieux renard, que de fausses sorties!
Pourtant, en me changeant — ô folle vanité! —
Ils croyaient bien t'avoir jeté
Avec mon froc noir aux orties!

LA JEUNE PREMIÈRE.

Différence d'un casaquin !
Surmenage, qui n'est pas bête,
Sous mon masque neuf d'Arlequin,
Ma sœur, a reconnu ta tête !

SURMENAGE.

Justement! Justement!
(*Chanté.*)
Plus ça change assurément,
Et plus c'est l'mêm' boniment.
J'rimais bien avec Carthage.
(Il salue la Rhétorique; emphatique.)
Je rime avec replâtrage.
(Il salue la Première; gouailleur.)
Un seul a su m'tenir tête!
C'est le crétin, un' forte tête!
Jadis il narguait l'cachot!
Il s'moq' maint'nant du bachot!
(*Trio :* Non!.....)

(Les élèves amènent du renfort. Les footballistes arrivent, et par une manœuvre habile entourent la Rhétorique et Surmenage, en les refoulant jusqu'au fond.)

UN ÉLÈVE.

Vive, vive à jamais notre Jeune Première,
Qui des faits sait aux mots ajouter la lumière !

TOUS.

Vive notre Jeune Première!

SCÈNE VII

La Visite du général Hoche.

Personnages :

LA COMMÈRE. — LE GÉNÉRAL HOCHE.
TOUS LES ACTEURS.

LA COMMÈRE.

« Surmenage » est parti. Nous l'avons su bannir.
Mais qui peut assurer qu'il ne doit revenir?

L'effort seul a sacré les grands noms de l'Histoire.
C'est le coup de collier qui donne la victoire,
Et, tout pleins d'une ardeur qui n'a su s'épargner,
Nos acteurs ici même en pourraient témoigner.
Qu'un Centenaire soit fêté sans Surmenage,
C'est impossible. Aussi sommes-nous tous en nage!
Mais — prix de nos labeurs qui pourra nous flatter —
Hoche nous doit lui-même à l'instant visiter.

C'était un soir de lune aux clartés andalouses.
Le général dressait entre quatre pelouses
Sur son socle plus vert son bronze encor plus blanc.
Pas un cri d'oiseau! Pas un feuillage tremblant!
L'heure calme s'offrait propice à la supplique,
Bien qu'il semblât pensif, las et mélancolique
D'avoir trop vu d'Anglais, vêtus de l'ample ulster,
Peut-être las aussi, dans le vent de l'auster,
De retenir, debout, ce manteau militaire
Qui de l'épaule glisse et va tomber à terre,
Triste peut-être enfin, quoique grand général,
De ne pouvoir passer de revue à cheval!
— Je m'inclinai trois fois : « Héros de Sambre-et-Meuse »,
Lui dis-je d'une voix câline, si mielleuse
Qu'elle aurait attendri le plus rigide airain,
« Héros de Wissembourg et des rives du Rhin,
« Viens demain chez tes fils honorer la Revue
« Du Centenaire, telle encor qu'on n'en a vue!
« Exauce-nous! Descends de ton haut piédestal,
« Délivre-toi des airs solennels du métal,
« Viens — la simplicité d'un grand cœur est la marque —
« Viens chez nous, simple comme un héros de Plutarque! »
A ces mots s'anima l'airain transfiguré,
Et le héros me dit en souriant : « J'irai! »

Et donc, collégiens au renom impeccable,
Que Hoche maintenant garde sous son vocable,

(Entrée des anciens de 1807, 1815, 1840, 1864.)

Vous tous qui, cent ans, plus ou moins latiniseurs,
Vous êtes succédé sous vingt-huit proviseurs,
Alignés droits et fiers — avec une ou deux larmes
D'émotion dans l'œil — tenez-vous sous les armes!

(S'adressant aux spectateurs de la salle.)

Et vous, Messieurs les Spectateurs, Anciens, Nouveaux,
Si vous voulez aussi mériter nos bravos,
Attention! Portez la cravate correcte!
Monsieur le Président[1], songez qu'on vous inspecte!
Et c'est juste : en ce temps d'exacte égalité,
Un Inspecteur doit être à son tour inspecté !

(A ce moment se fait entendre la fanfare de la *Marche des Hochais*. — Arrive le général Hoche.)

TOUS LES ÉLÈVES.

Vive le Général!

LA COMMÈRE.

Vous voyez de quelle âme,
Général, ma Jeunesse heureuse vous acclame :
Que ce cri de son cœur soit mon remercîment!

LE GÉNÉRAL, tout en passant sur le front des troupes.

Bonne tenue!... Air martial!... Beau régiment!
Bien!... J'aime à voir surtout ces visages imberbes!
Voilà des rangs entiers de généraux en herbe,
Comme nous étions tous en l'an Quatre-vingt-neuf!

(Au petit qui court partout dans sa coquille.)

Toi, tu devras sortir un peu plus de ton œuf!...
Les tuniques parfois sont de coupes ingrates :
Mais qu'importe? Sous vos costumes disparates,
Ayant mêmes amours, ayant même vigueur,
Tous jeunes, — vous portez l'uniforme du cœur!
Et voilà ce qu'il faut!. ... Nous n'étions pas des types
Calés. Nous ignorions l'accord des participes.
Mais nous savions du moins, jusqu'au culte exalté,
L'amour de la patrie et de la liberté!
Aussi ne suis-je point surpris, chère Jeunesse,
Que tu prennes mon nom : c'est pour qu'on reconnaisse

---

1. M. Eug. Combette, Inspecteur général des Sciences, Président de l'Association des Anciens Elèves.

Dans tout ce que j'ai fait ce que tu veux et crois.
D'autres sont-fiers de noms d'écrivains ou de rois :
Vous proclamez l'espoir et la vaillance active...
Des actes, non des mots! et toujours l'offensive!...
Lorsque l'épée est courte, on fait encore un pas!...
Le péril est de craindre et de n'avancer pas!

(Au petit qui continue de courir dans sa coquille.)

A la bonne heure! Ici l'on reste de la race
Jeune, qui sait bouger!

(Se penchant vers lui.)

Viens çà! que je t'embrasse,
O soldat-citoyen qui vaudras tes aînés!

(S'avançant sur le devant de la scène. Aux spectateurs.)

J'ai là devant mes yeux beaucoup de chevronnés
Qui n'ont jamais en rien connu la reculade :
Je les salue et leur donne à tous l'accolade,
Mais à vous d'abord, vous, mon frère et mon égal!
N'êtes-vous pas, Monsieur l'Inspecteur..., général?
Et voici donc autour du drapeau du Lycée,
Comme autour d'une même héroïque pensée,
Cent ans accumulés de travail et d'honneur,
Que je contemple avec l'orgueil du moissonneur!
— Et si, faisant l'appel de ma plus jeune garde,
Je demandais : A-t-on l'amour de sa cocarde?
Au devoir, au labeur, êtes-vous tous présents?
Mes plus tendres conscrits répondraient tous...

TOUS LES PETITS, à la fois.

Présents!...

LE GÉNÉRAL.

Monsieur le Proviseur, vous avez une troupe
Digne de tout éloge. Il faut que votre soupe
Soit pour de tels gaillards de rare qualité!.....
Aussi je pars content, le cœur réconforté,
Sûr que je puis à tous, sans peur qu'on dégénère,
Vous donner rendez-vous au prochain Centenaire!

(Cris répétés : Vive le Général!)

(A ce moment rentrent en scène tous les acteurs qui n'avaient pu figurer à la Revue : le Tambour et la Cloche, le Proviseur Théry, les Labadens, Mme Girofle, le Père Comtois, les Poêles, le Charlatan, Hygiène et Surmenage, la Rhétorique et la Jeune Première.)

La Marche triomphale des Hochais.

Musique de M. FRADE.

Nous sommes les Hochais de Hoche !
L'ami se frotte où nous tapons !
Braves sans peur et sans reproche,
Nous sommes les Hochais de Hoche !
Dans l'Armée et dans la Basoche,
Gloire ! à notre appel tu réponds !
(En chœur.)
Nous sommes les Hochais de Hoche !
L'ami se frotte où nous tapons !

Quand on est un Hochais de Hoche,
On se rit de Colin-Tampon !
Toute timbale se décroche,
Quand on est un Hochais de Hoche !
Nous n'avons qu'à tourner la broche :
Le succès cuit comme un chapon !
(En chœur.)
Quand on est un Hochais de Hoche,
On se rit de Colin-Tampon !

Nous sommes les Hochais de Hoche,
Amis du rire et du pompon !
Roule, tambour ! Sonne, la cloche !
Nous sommes les Hochais de Hoche !
Au péril comme à la bamboche,
Toujours les premiers sur le pont !
(En chœur.)
Nous sommes les Hochais de Hoche,
Amis du rire et du pompon !

LYCEE HOCHE

www.ingramcontent.com/pod-product-compliance
Lightning Source LLC
LaVergne TN
LVHW020426230826
846091LV00004B/1418

* 9 7 8 2 0 1 9 9 1 8 4 5 3 *